梅苑一秩 文以化人

曹共平 吴伟 编著

中南大學出版社
www.csupress.com.cn
·长沙·

图书在版编目(CIP)数据

梅苑一秩　文以化人／曹共平，吴伟编著．--长沙：中南大学出版社，2024.10.

ISBN 978-7-5487-5945-4

Ⅰ．G639.286.41

中国国家版本馆 CIP 数据核字第 2024V0Y805 号

梅苑一秩　文以化人

MEIYUAN YIZHI　WENYI HUAREN

曹共平　吴　伟　编著

□出 版 人　林绵优
□责任编辑　韩　雪
□责任印制　唐　曦
□出版发行　中南大学出版社
社址：长沙市麓山南路　　邮编：410083
发行科电话：0731-88876770　　传真：0731-88710482
□印　　装　湖南省众鑫印务有限公司

□开　　本　710 mm×1000 mm　1/16　□印张 15.25　□字数 262 千字
□版　　次　2024 年 10 月第 1 版　□印次 2024 年 10 月第 1 次印刷
□书　　号　ISBN 978-7-5487-5945-4
□定　　价　68.00 元

叶双秋 曹共平 吴 伟 王晓红 李冠男 马海金 赵忠科 王剑湘

张 宇 曾 槐 嵇志勇 傅江黎 黄文杰 罗 琨 丁晓莉 杨 诗 符豪良 黄馨怡 罗 晖

傅莹颖 李人扬 潘 慧 王媛媛 王 平 梁振星 文 妙 吕 纤 谭 镕 贺红芳 陈 元

唐思敏 胡 榕 苏亚明 杨 梅 许 晴 李艳波 旷有元 刘 政 邱呈玉 彭海珍 雷 鸣

刘任池 彭世芳 甘 炜 周军苏 胡志奇 宋洁琳 谢圣怡 胡 广 晏艺航 曾 艳 周杰俊

武 涛 李 奇 汤应宇 李玉霞 戴启迪 吴家慧 陈梓偲 王怡萱 施京佚 朱 娟 周 瑛

李 媛 易佳慧 刘慧琳 符艳华 刘 鑫 李桂花 李 缅 付 敏 左旭艳 王 庆 王 赤

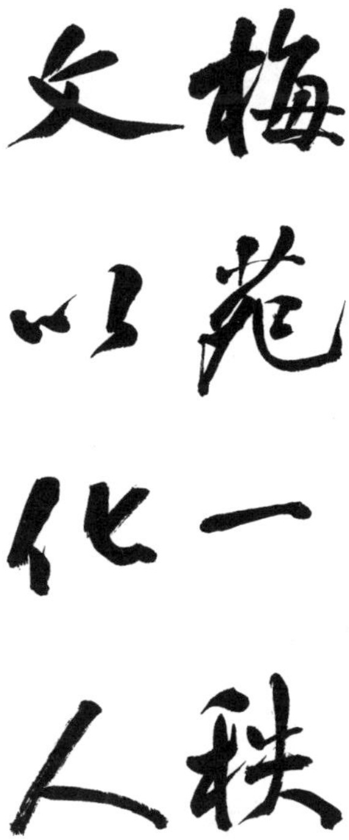

杨爱华 姚 辉 杨秀梅 赵 璋 贾运波 李雨婷

麻庭滋 李佳琼 朱亦融 丁 羽 黄 娇 徐甜甜

王 媚 田晨玉 谢毅武 汤罗英 赵 军 熊 慧

贺淑飞 孔凡龙 龙 凤 康淋惠 陈 冏 刘硕果

肖超军 王高峰 徐爱莲 黄 佩 冯君兰 张 烽

冯 钰 彭雨佳 沈 玲 田诗意 喻莎莉 曹明慧

徐 英 吴 丹 李珍妮 彭磊芳 唐鸣鸽 周 燕

胡志霞 姚 灿 谢荣霞 易 凤 雷 娟 陶加诺

夏 静 高亮成 胡婉玉 胡伊莎 田 迎 谭 希

龚紫雯 肖天河 戴 欢 彭友云 罗小金 蔡德利

何乐成 唐 殊 陈 凯 吴琛宇 周 颖 朱 锋

彭霞平 谭志刚 喻 彬 邓 梦 付倩倩 蒋开亮

李建祥 刘超红 朱 盼 邓久波 杨多文英 廖雯芳

贺桂林 王 涛 余 花 余 榕 肖翅翅 曾小红

刘一砖 罗晓丹 梁 倩 谭 文 张 红 刘文娟

马林霞 龙 粤 刘芷汐 汤相美 李建荣 陈筱雯

鲁 霓 刘 莎 张 隽 颜慧敏 陈 超 陈星源

唐小玲 曾秋棠 冯志军 李丽梅 姚 娟 徐 佳

陈姝琳 张熳岚 梅惠宇 黄睿斌 雷 莎 冯文强

刘迎春 杨 蕎 易 琼 何园竹 张沛琳 陈嘉仪

万仁敏 蔡佳成 吴万紫 戴君梅 陈 川 岳媛媛 李曙光 欧丽娜 李冬平 陈莉玲 万正颜

秦兰静 曾维成 贺锴锴 宋国军 王 亮 李 可 吴奕超 晏佳明 刘芝玲 易良中 马冬晴

蒋孝文 周春华 秦有才 颜 楚 陈 漾 张序贵 刘谷黄 何伟兰 徐 信 吴伟娥 俞超源

唐曙芳 佘 晖 匡林林 廖倩霞 王建军 安 岚 王 青 廖 旭 谷 珊 王 佐 申 欢

黄 静 齐素雅 肖蕎华 曾 琳 万 艳 聂冬梅 陈慧琳 李 莉 刘诗琴 徐雪华 贺尔乔

曹智谦 成 辉 张 鹏 周承灿 刘 伟 陈汉萍 刘家琦 刘 敏 袁 涛 朱贤良 曾雪梅

李可欣 黄子莹 张晴晴 张 鑫 李 洋 易 波 邓荞珊 毕晶晶 刘若岚 吴 婷 卿 蕎

欧小华 刘 露 谢 芳 陈 艳 陈小芬 周 慧 袁妙玲 王 愿 唐 穆 肖荷花 何 灿

周 玺 刘楚良 黄小满 余 倩 向子柚 莫洪全 田志杰 赵聪科 罗东丹 陈彬鑫 刘境方

张 思 周永卫 胡章毅 龚 欢 李素云 姚昕然 罗贯周 罗杉霖 吴小翠 蔡 萍 何梦宁

李雨谦 张 磊 黄锋强 江 樱 龙海珍 朱银涛 黄润策 吕思桦 李 欢 莫 军 孙赛男

戴子依 谢雪梅 王 晨 闫一鸣 湛 芳 陈天明 朱美珍 聂成波 罗 成 游 聪 林海霞

编写委员会

序言

“梅好”教育，让教育更美好

梅好芳华，青春一秩，今年是长沙市周南梅溪湖中学建校十周年。

十年间，梅溪湖畔，桃花岭下，长沙市周南梅溪湖中学以其“梅好”的文化特色和办学理念，闻名四方，独树一帜，成为一所梅香四溢、领秀创先的特色强校。

习近平总书记强调：“推进文化自信自强，铸就社会主义文化新辉煌。”文化是一个国家、一个民族的灵魂，校园文化则是一所学校的灵魂。“梅好”教育就是长沙市周南梅溪湖中学校园文化的精神内核。建校伊始，长沙市周南梅溪湖中学就结合学校实际，对学校文化发展战略进行了顶层设计。一方面，学校位于长沙市湘江新区梅溪湖国际新城，其地理位置与“梅”有着紧密联系；另一方面，作为中华民族重要的精神象征，梅花的精神和品格恰好与当代中学生所需要具备的特质相吻合。基于这两点思考，长沙市周南梅溪湖中学着手构建了以“梅”文化为核心的校园文化，把“梅好”教育作为学校的教育主题，并以此作为学校的办学思想的立意原点。

“梅好”谐音“美好”，寓意追求卓越与美好。梅开五彩，绿梅、墨梅、红梅、青梅、白梅，五彩缤纷；人有五品，德育、智育、体育、美育、劳育，五育并举。长沙市周南梅溪湖中学以梅之名，培养如梅般品高毅行的“美好”

人才，始终践行着“让每一位学生体验成功喜悦，让每一位学生拥有幸福未来”的办学理念，培养品德高尚、博闻多识、审美高雅、身强神健、锐意创新的君子少年。

“梅好”教育，强调内外兼修，意蕴丰富。“梅好”环境文化：梅好家园，梅润心田。学校通过精心打造“梅好”的育人环境，以梅花之香、梅花之形、梅花之品浸润着学生的心田。“梅好”特色文化：梅秀多姿，个性发展。学校成立八个“名学生工作室”，构建“四季六节”德育活动体系，鼓励学生榜样引领，促进学生全面发展。学校在“梅”文化理念的引领下，呈现出绚丽多姿的文化亮点，使师生切实获得“梅”文化形成过程的参与感、“梅”文化精神价值的认同感、“梅”文化濡染教化师生的满足感。

长沙市周南梅溪湖中学十年发展的背后凝结了全体教职工的智慧与汗水，也成就了“梅好”学子的成才之路。谨以此书，记录长沙市周南梅溪湖中学校园文化的部分成果，献给为了学校发展坚毅奋进、追求美好的“周梅人”，也献给为了教育事业无私奉献的广大教育工作者。愿我们的校园文化源远流长，“梅好”教育让教育更美好。

叶双秋

2024 年 7 月

前言

《周易》云："刚柔交错，天文也；文明以止，人文也。观乎天文，以察时变；观乎人文，以化成天下。"文明以止、化成天下体现了古人博大的智慧和深邃的哲思，古代先贤通过人文理念化育天下，为长沙市周南梅溪湖中学提供了文化建设的思想源泉。

一所学校的开启，不是校门的开启，而是文化的开启。长沙市周南梅溪湖中学建校伊始，叶双秋校长担起文化启校、文化立校的使命，以理念文化为灵魂、以环境文化为载体、以制度文化为基石、以行为文化为精髓，全面构建了学校"梅文化"发展战略。我们将"梅溪湖"阐释为"梅的品质、溪的情趣、湖的胸怀"，基于这样的释义并借助梅溪湖得天独厚的地理和人文优势，长沙市周南梅溪湖中学创设了以"梅"为核心的校园文化。今天，我们欣然看到，因文化而开启的精彩校园，赋予学子们青春岁月的生命体验和最美好的文化记忆，并在实践中将学校教育文化理念内化外显，印上了长沙市周南梅溪湖中学独特的文化基因。值建校十周年之际，学校成立编委会，对校园文化进行阶段性总结，溯源办学历史，图文再现长沙市周南梅溪湖中学的文化实践，具有强烈的纪实性。

本书阐述了长沙市周南梅溪湖中学校园文化构建的四大维度。第一章为"理念文化——润化于心，凝练文化育人的教育理念"。长沙市周南梅溪湖中学通过弘扬中华优秀传统文化之根、传承周南集团红色文化之脉、融合梅溪湖地域特色"梅文化"之韵，开创了底蕴深厚、特色鲜明的理念文化。

第二章为“环境文化——物化于形，营造文化育人的浸润环境”。长沙市周南梅溪湖中学将文化精髓具象化于校园每一处角落，营造全方位的文化浸润氛围。第三章为“制度文化——固化于制，提供文化育人的机制保障”。长沙市周南梅溪湖中学以完善的制度框架稳固文化育人的基石，确保文化理念落地生根。第四章为“行为文化——外化于行，构筑文化育人的行为体系”。长沙市周南梅溪湖中学在课程探索、课题研究等教师行为中彰显特色，在榜样引领、多彩活动、女足风采、心理健康、劳动教育及科创实践等学生行为中，构建起全方位、多层次的文化育人体系，让文化之光照亮学校师生的幸福之路。

我们坚信，长沙市周南梅溪湖中学将文化素养作为学子成人成才核心竞争力的育人理念与实践，一定会使校园文化建设的脚步更加坚实有力，行稳致远。在迤逦的历史长河中，薪火相传的校园文化，将浸润莘莘学子的生命并历久弥新，长沙市周南梅溪湖中学的未来将更加璀璨！

曹共平

2024 年 7 月

目 录

第一章 理念文化——润化于心，凝练文化育人的教育理念

第二章　环境文化——物化于形，营造文化育人的浸润环境

第三章　制度文化——固化于制，提供文化育人的机制保障

第一章

理念文化

——润化于心，凝练文化育人的教育理念

学校理念文化是指由学校全体师生在教育、教学、科研、长期活动与发展演变过程中共同创造的，对外具有个性识别意义的文化价值观，是学校文化建设的灵魂。对学校而言，特色鲜明的理念文化体系可以展现特有的文化风采，提高学校的核心竞争力。长沙市周南梅溪湖中学传承中华优秀传统文化，树立校园"传统文化"，发挥周南教育集团优势，打造"红色文化"，立足梅溪湖地域优势，创设"梅文化"，从时间维度上讲，贯穿了古代、近代、现当代文化，且一脉相承。

第一节　发扬中国传统文化优势，传承中华优秀传统文化

一、弘扬优秀传统文化的背景

文化是民族的血脉，是人民的精神家园。中华传统文化绵延5000多年，在一次次的社会剧变中凝聚民族共识迈向理想征程。随着时间的积淀，中华优秀传统文化已然成为中华民族的精神命脉和涵养社会主义核心价值观的重要源泉，也是我们在世界文化激荡中站稳脚跟的坚实根基。当前，推动优秀传统文化进校园，已成为国内教育界的共识。下面将从历史时代背景、学校育人理念背景、学生成长特点需求等三个方面谈一谈在学校弘扬和传承中华优秀传统文化的必要性。

（一）历史根脉

弘扬优秀传统文化源于中华文明数千年的历史沉淀和丰富的文化遗产。2017年1月25日，中共中央办公厅、国务院办公厅发布的《关于实施中华优秀传统文化传承发展工程的意见》一文明确指出："在5000多年文明发展中孕育的中华优秀传统文化，积淀着中华民族最深沉的精神追求，代表着中华民族独特的精神标识，是中华民族生生不息、发展壮大的丰厚滋养，是中国特色社会主义植根的文化沃土，是当代中国发展的突出优势，对延续和发展中华文明、促进人类文明进步，发挥着重要作用。"中华民族在长期的发展过程中，形成了独特的文化传统和价值观念。这些优秀传统文化是中华民族的根和魂，是我们在发展中国特色社会主义过程中不可或缺的宝贵财富。

从当今时代背景和社会的需要来看，弘扬优秀传统文化有多方面的意义。

一是促进文化认同和民族团结。在全球化的背景下，不同文化之间的交流和融合日益频繁，但也面临着文化冲突和文化认同的危机。弘扬优秀传统文化

可以抵御外来文化的冲击，保持国家和民族的独立性和自信心。习近平总书记指出："中华优秀传统文化已经成为中华民族的基因。"优秀传统文化是一个国家和民族的根基，弘扬优秀传统文化有助于增强人们的文化认同感和归属感，让我们更好地认识自己的文化根源，从而形成高度的国家认同和民族认同，促进民族团结和社会稳定。

二是促进经济发展和文化自信。优秀传统文化是一个国家和民族的精神财富，也是经济发展的重要支撑。弘扬优秀传统文化可以推动文化产业的发展，促进文化创新和创意产业的兴起，提高文化产业的附加值和竞争力。中华优秀传统文化为经济发展注入了新的活力，助力中华优秀传统文化"走出去"，在这个过程中还有助于增强人们的文化自觉和文化自信，推动中华文化的国际传播和交流，提高国家的文化软实力和国际影响力，促进不同文化之间的平等对话和相互理解。

三是促进社会和谐与道德建设。中华优秀传统文化在促进社会和谐与道德建设方面扮演着至关重要的角色。优秀传统文化中蕴含着丰富的道德伦理观念和价值观念，例如，强调仁爱、礼义、忠诚、孝顺等价值观，这些价值观促进了人与人之间的相互尊重和理解，减少了社会冲突和摩擦。通过弘扬优秀传统文化，可以引导人们树立正确的价值观和道德观，提高人们的道德素质和文明素养，促进社会的和谐稳定和可持续发展。

总之，从历史时代背景来看，弘扬和传承中华优秀传统文化能促进文化认同和民族团结，促进经济发展和文化自信，促进社会和谐与道德建设，传承传统文化已逐渐成为国家社会发展所追求的大趋势。作为人才教育培养基地，长沙市周南梅溪湖中学（以下简称"周南梅溪湖中学"）也必然要遵循这种趋势，高举优秀传统文化旗帜，让优秀传统文化深入周南梅溪湖中学校园。

（二）育人理念

学校育人理念是指学校在教育实践中形成的关于人才培养的基本观念和原则，它指导着学校的办学方向和教育行为。学校育人理念的具体内容会因学校的性质、层次、地域等特点不同而有所不同，但都应该符合国家教育方针和社会主义核心价值观，适应国家发展和社会进步的需要，促进学生的全面发展和终身发展。2014 年 3 月，教育部印发了《完善中华优秀传统文化教育指导纲要》（以下简称《纲要》），《纲要》强调，加强中华优秀传统文化教育"是深化中国特色社会主义教育和中国梦宣传教育的重要组成部分”“是构建中华优秀传统文化传承体系，推动文化传承创新的重要途径”“是培育和践行社会主义核心价值观，落实立德树人根本任务的重要基础”。自此，优秀传统文化进校园正式拉开序幕，后续，国家更是高度明确了学校优秀传统文化教育的重要担当。基于国家教育方针路线，周南梅溪湖中学将在育人理念中坚定不移贯彻传统文化教育理念，将优秀传统文化融入学校的育人道路，以优秀传统文化丰富校园文化生活，提升学校文化实力，促进学生全面发展。

育人理念最能体现一所学校的价值取向，影响着学校的精神力量，支配着学校的教育行动。一个学校的校训、校风等都可以体现育人理念及策略，从周南梅溪湖中学的精神力体系“梅文化”、办学理念、校训等均能看出来学校具有传承和弘扬优秀传统文化的优势。

“梅文化”助推优秀传统文化扎根。“梅花”在中国传统文化中具有深厚的文化象征意义。梅花通常被视为坚韧、高洁、纯洁和勇气的象征。因其能在严寒的冬季绽放，被誉为“花中君子”，象征着在逆境中坚强不屈、纯洁高雅的品质。梅花因其傲雪凌霜的特性，常常被用来比喻人的高洁品质和坚贞的节操。在中国历史上，许多文人墨客都在梅花身上找到了精神寄托，来表达自己超然物外、不畏严寒的高尚情操。学校精心打造以“梅文化”为核心的校园文化，借助“梅花”的传统文化含义，提倡以梅言志，以梅励志，以梅树德，以梅铸魂。“梅具四德，花开五瓣”，“五瓣”分别寓意着成功、幸福、健康、顺利、和谐。周南梅溪湖中学还取其中两个核心的传统含义“成功”和“幸福”构建学校的办学理念——让每一位学生体验成功的喜悦，让每一位学生拥有幸福的未来。周南梅溪湖中学在“梅文化”的沃土上，助推优秀传统文化扎根、发芽、开花、结果。

校训厚植传统文化理念。建校以来，“勤朴、诚善、谦雅、弘毅”八字校训深深地烙印在每一个“周梅人”的心中，每一个字的背后都蕴含着深厚的传统文化内涵，寄寓着华夏儿女对美好品德、高尚情操的不懈追求。“勤”即勤奋坚毅，既要勤劳又要坚韧，“朴”来自《道德经》，即抱朴守真。“诚”从造字法解释是形声字，从言，从成，意谓对待人们要诚实讲信用，“善”具有深刻的伦理学、哲学和佛学内涵。“满招损，谦受益”是对“谦”的极大赞赏，“雅”在《毛诗序》中解释为“雅者，正也”。关于“弘毅”，《论语·泰伯》中有“士不可以不弘毅，任重而道远”的崇高理想。一所学校的校训不仅仅是几句话的简单组合，它凝聚了学校的教育理念和办学特色，深深植根于中华优秀传统文化的沃土之中，对学生有着长期而深远的教育影响力。

综上看来，在国家教育方针的引领下，在周南梅溪湖中学独具特色的育人理念文化的影响下，发扬中国传统文化优势，继续传承中华优秀传统文化将是周南梅溪湖中学第二个精彩十年的必然趋势。

（三）成长需求

中华文化源远流长、博大精深，俯仰之间上下五千年。笔墨纸砚、唐诗宋词、京剧昆曲等大放异彩、薪火相传，为华夏儿女留下了灿如星河的宝贵文化财富。中华优秀传统文化是经过时间考验的、促进社会发展的优秀文化。学校作为文化传承的重要场所，承担着培养具有深厚文化底蕴和社会责任感的新一代人才的重要使命。

每个人都是独立的个体，每个人的发展也具有“独特性”。就学生目前的成长特点需求来看，我们不能保证让所有学生的成绩都令人满意，但必须使所有学生都知书达理、遵纪守法、诚实守信、知恩图报、自信自强等，因为这些良好的品质会影响他们的一生。《纲要》明确指出，“开展以天下兴亡、匹夫有责为重点的家国情怀教育”“开展以仁爱共济、立己达人为重点的社会关爱教育”“开展以正心笃志、崇德弘毅为重点的人格修养教育”。培养青少年学生做“有自信、懂自尊、能自强”“高素养、讲文明、有爱心”“知荣辱、守诚信、敢创新”的中国人。

现在，我们的学生思想还不够成熟，道德品质还有待提升，世界观、人生观、价值观的培养还不够完善，这就需要学校完善育人机制，挖掘育人文化。中华优秀传统文化是中华民族的绚丽瑰宝，它闪耀着熠熠璀璨的光芒，是能够满足学生成长特点需求的“营养品”，其具体从以下几方面促进学生全面发展。

一是丰富精神世界，塑造道德观念。中华优秀传统文化中包含的丰富的哲学思想、道德观念和人生智慧，能够引导学生建立健全的精神世界，培养学生的高尚情操和正确的人生观。例如，通过学习《论语》《道德经》等经典，学生可以领悟到如何处理人际关系、如何面对生活中的顺逆等道理。传统文化强调道德教化，如儒家的“仁爱”、道家的“无为而治”，这些都是培养学生道德观念的重要资源。通过学习和实践优秀传统文化，学生能够内化这些道德原则，形成良好的道德行为习惯。

二是提升文化素养，增强文化自信。中华优秀传统文化是民族智慧的结晶，包含了历史、文学、艺术、哲学等诸多方面的知识。学生通过学习中华优秀传统文化，可以提升自己的文化素养。并且中华优秀传统文化是民族的精神象征，它包含了民族的历史、习俗、艺术和价值观。学生通过学习中华优秀传统文化，可以更好地了解自己的国家和民族，增强对自己文化身份的认同，从而增强民族自豪感和文化自信心。

三是培养创新能力，提高审美情趣。传统文化虽然古老，但其中蕴含的哲理和审美价值对创新能力的培养具有启发作用。例如，中国古典诗词中的意境、书法中的布局、国画中的留白等，都能激发学生的想象力和创造力。传统文化中丰富的艺术形式，如书法、绘画、音乐、舞蹈等，都能够提升学生的审美能力和艺术修养。

综上所述，中华优秀传统文化在学生成长过程中发挥着不可替代的作用，对于学生而言不仅是一种知识的积累，更是一种精神和思想的培养，在道德观念、文化素养、创新能力等方面为学生提供宝贵的滋养。因此，学校和社会应当重视优秀传统文化的教育和传承，让学生在成长过程中充分吸收优秀传统文化的精髓，发展成既有民族特性又有国际视野的时代新人。

二、弘扬优秀传统文化的基本路径

我国传统文化源远流长，优秀文化灿若星辰，如何从历史长河中采撷几朵浪花为自己所用，需要智慧和眼光。学校优秀传统文化教育的有效途径有多种，如校园环境、课程文化、文化活动等。周南梅溪湖中学结合自身实际，选择弘扬优秀传统文化的一条基本路径，推出一系列文化活动，如创设“传统文化节”主题节日、搭建“传统节日”活动平台等。文化活动是中华优秀传统文化进校园的一种有效途径，通过组织形式多样、内容丰富的文化活动，可以让学生感受传统文化的魅力，培养文化素养。

(一)创设“传统文化节”主题节日，推出校园特色“新品牌”

所谓学校品牌，是指学校在理念、文化、特色、师资、教育质量等方面所形成的综合效应，这种效应使学校拥有良好的口碑并被广泛认同。学校品牌的打造，是长期的办学实践中所形成的教育理念、管理制度、办学模式、学校文化等积淀的结果。周南梅溪湖中学创设“传统文化节”主题节日，将传统文化与校园文化融合，推出符合学校“梅文化”气质并且行之有效的特色“新品牌”。

为贯彻落实习近平总书记关于弘扬中华优秀传统文化的系列重要论述，引导学校青少年学生更好地传承中华优秀传统文化，促进中国青年自觉用中华优秀传统文化培根铸魂、启智润心，加强道德修养。为了坚定文化自信，厚植爱国情怀，推动校园文化建设向纵深发展，周南梅溪湖中学于2021年开启首届传统文化节系列活动，至今，周南梅溪湖中学“传统文化节”已走过三个年头，每一年的主题分别为“韵承千载，风采周梅”“五千年古韵绽芳华，二十大盛会谱新章”“传统与创新齐飞，文化共时代一色”。

传统文化节作为校园主题节日伴随周梅已有三年。三年来，周南梅溪湖中学不断挖掘和探索优秀传统文化与校园活动融合的形式，在继承的基础上创新，在创新的过程中传承，力求以更“润物无声”的方式，让学生受到优秀传统文化的熏陶，增强对优秀传统文化的认可，积极参与优秀传统文化的学习，主动投身优秀传统文化的实践，学校将文化自信根植于学生的举止言谈中，推动优秀传统文化育人功能，绽放周南梅溪湖中学风采。

1. 古香传梅苑，浓厚氛围助推传统文化节“走出来”

中华传统文化绵延千年，给一代又一代的人以精神力量，学校作为教育的主阵地，更多的是搭建桥梁，营造传统文化国粹的浓厚氛围。在升旗仪式上，发言老师慷慨激昂的讲话之后也预示着传统文化节正式启动，一字一句都透露着对优秀传统文化的热爱和赞美，也激发着学生积极投身传统文化节的热情，绿茵操场，古香酝酿。

随着传统文化节的正式启动，各班也开启了主题班会，校园处处可见主题海报、主题展板、“传统文化入学府，礼仪花香满梅园”等横幅、中国非物质文化遗产漆画与草木染作品展览（图 1-1），一时间，校园古香更浓了。学生也在积极筹备传统文化节黑板报评比活动，在实践中感受中华文明之美。在浓厚氛围的助推下，传统文化节逐渐“走出来”。

2. 古韵承梅芳，特色活动助推传统文化节“活起来”

千年古韵吐新绿，国色诗画展芳华。学校在传统文化节期间开展多种形式的活动，如传统文化贺卡创作大赛、海报绘制比赛、书画比赛、传统节日宣传

图 1–1　中国非物质文化遗产漆画与草木染作品展览

比赛、传统文化快闪秀比赛、武术大课间比赛、用英语讲好中国故事、中医药文化讲座、戏曲进校园活动、校长讲传统文化活动等。三年的摸索与实践，让周南梅溪湖中学的传统文化节活动体系越来越丰富，也越来越成熟，为学生提供了优秀传统文化实践阵地，让他们在参与、感受和创造中接受熏陶、濡染，助推传统文化节“活起来”。

“传统与创新齐飞，文化共时代一色”，创新形式弘扬优秀传统文化。要想让优秀传统文化大放异彩，促使中华优秀传统文化在时代发展中发挥更持久、深沉的力量，我们要以传承为基础，创新为钥匙，打开创新空间，以多种形式弘扬优秀传统文化。基于此认识，周南梅溪湖中学打开展现形式新窗口，开展“泱泱华夏传文明，莘莘学子继绝学”中华传统节日我来宣活动、“传承中华灿烂文化，铸牢中华民族意识”中华传统文化创意快闪秀，提倡学生以视频或快闪秀的形式宣传推介传统节日，探寻身边优秀传统文化事物，如典籍、服饰、建筑、艺术作品、美食、文学艺术表演等，制作成一个个内容元素丰富的快闪视频。学生或是在班级营造节日氛围直接拍摄，或是取景于重要地点演绎故事情节，或是互相吟唱传诵诗词，或是在老师的帮助下对某一文物进行深入调查并汇报，学生在参与活动中不断挖掘优秀传统文化，体验优秀传统文化的深刻内涵。

“品传统佳节，抒家国情怀”中国传统文化主题贺卡创作大赛：围绕春节、元宵节、寒食节、清明节、端午节、七夕节、中秋节、重阳节、腊八节、小年、除夕等传统节日以及立春、雨水、惊蛰、春分、清明、谷雨等二十四节气制作卡片，探索节日节气由来、民俗、经典故事、历史渊源、精神意义等，让学生领悟传统文化的魅力。

“妙笔承古韵，翰墨颂党恩”中华传统文化书画比赛：悠悠古国，泱泱华夏，灿烂的文明数不胜数。其中传统书法、绘画极能展现传统文化的艺术魅力。书画是中国文化的重要组成部分，它们不仅是艺术表现形式，也是文化传承的重要载体。通过书画，可以追溯中华民族几千年的历史和文化，感受到古人的智慧和情感。为继承和弘扬中华优秀传统文化，提高审美情趣、艺术修养，丰富学生的文化生活，学校开展中华传统文化书画比赛，用书法、绘画的方式展现东方文明之美，彰显周南梅溪湖中学师生的精神面貌、文化底蕴、艺术风采。

“乐享传统文体，健康快乐成长”传统文体系列活动：太极拳、八段锦、跳绳等文体活动有着悠久的历史，同时也是中华优秀传统文化的一部分。为了促进学生健康快乐成长，学校将传统文化融入学生体育锻炼中去，开展“绳舞飞扬，快乐成长”大课间绳操展示、“扬华夏武魂，展少年风采”武术大课间比赛、“传统趣赛展青春风采，民族文化润少年红心”等系列活动，结合体育、艺术、传统文化传承等方面的特色，打造周南梅溪湖中学体育特色及品牌。图 1–2 所示为周南梅溪湖中学传统体育展示之太极。

图 1–2　周南梅溪湖中学传统体育展示之太极

“中华文化，世界传播”——用英语讲好中国故事：用英语讲中国故事是一项传承和弘扬中华优秀文化的素质教育活动，也是周南梅溪湖中学学子(以下简称“周梅学子”)根植传统文化的现实表现和行动。他们身在学校，心怀中国，传承文化，面向世界，用流利的英语、富有感染力的语音语调，站在独特的视角，讲述了一些耳熟能详的英雄人物、民间故事传说、文学名著、传统美食、传统节日、传统手工艺、历史性的盛典等，增进了对中华文化的理解和认同，展示了中华文化的魅力和中华民族的文化自信。

“中医药文化进校园，传承国粹助成长”中医药文化讲座活动：中医文化历史悠久，独具特色，一直被认为是世界上神秘的医药文化之一。为引领同学们增进对中医药文化的了解，弘扬和传承中华优秀传统文化，提高青少年的文化自信和健康素养，在周南梅溪湖中学第三届传统文化节系列活动筹备过程中，学校精心组织了一场以“中医药文化进校园，传承国粹助成长”为主题的讲座活动。学校邀请了社区卫生服务中心中医科主任为学生普及中医药学知识，打破了学生对于中医药学的刻板印象，拉近了学生与生涩的中医药学之间的距离。古人千年的智慧结晶里是无数中华文化的沉淀，融入了祖祖辈辈的日常，三餐茶饭，四季衣裳。此次活动在周梅学子的心底播下了中医药文化的种子，周梅学子将在今后把中医药文化与生活实践相结合，传承先人智慧，延续中医药文化的生命力。

“扬优秀传统文化，育厚德时代新人”校长开讲中华传统文化活动：为更好地传承中华优秀传统文化，彰显周南梅溪湖中学文化底蕴，让传统文化持续深入校园，在2023年第三届传统文化节，吴伟校长为学生上了一堂中华传统文化课，培养学生对传统文化的热爱和认知(图1-3)。他从文化的定义开始，以幽默的语气、温润的谈吐、丰厚的知识娓娓而谈，讲述了中国传统文化的特点等系列知识，引领学生了解传统文化的四个不同时期，让书本上熟悉又遥远的历史文化悄然浸润学生的心田。学生谈及本次活动时说：“吴校长幽默风趣的讲座风格激起了我们对中华传统文化的浓厚兴趣。通过吴校长的透彻讲解，我们对中华文化有了更深刻的认识与理解，我们想将也要将中华优秀传统文化不断传承，推动其创造性转化和创新性发展，为创造中华文化的新辉煌贡献自己的力量。”这场精彩纷呈的传统文化知识讲座在学生的心中种下了饱含文化力量的教育种子，激励他们成为面向未来的新时代年轻人，用文化的力量塑造美好未来。

图 1-3　“扬优秀传统文化，育厚德时代新人”校长开讲中华传统文化活动

3. 古园润梅心，游园盛会助推传统文化节“火起来”

传统创新共一色，国粹文墨香满园。鼓声阵阵，龙腾狮跃，拉开了游园会的帷幕。游园会是一场凝聚传统文化节所有活动成果的盛会，这场盛会分为中华武术区、书法国画区、文创区、漆画区、草木染区、传统美食区、民族文化区（图 1-4）、诗词大会等 13 个展示区。一份份可口诱人的传统美食，一张张精美灵动的手工贺卡，一个个演绎传统节日的精彩视频，一首首唱响文化魅力的歌曲，周南梅溪湖中学校园古色古香，散发出传统与创新的无限魅力。

图 1-4　游园会之民族文化区

游园会营造了浓厚的校园文化氛围，切实让学生感受到了中华传统文化的独特魅力，弘扬了中华优秀传统文化，传承了中华优秀传统文化的精髓。骄阳正好，受优秀传统文化熏陶的校园熠熠生辉，游园处处赏心悦目，学生们沉醉在优秀传统文化的韵味之中。游园盛会正热闹，引来《潇湘晨报》《三湘都市报》《红网时刻》《长沙晚报》等多家媒体对周南梅溪湖中学游园会活动进行详细报道。如果说前期系列活动的开展已经让传统文化节“活起来”，那么这场盛会助推传统文化节“火起来”。

中华优秀传统文化源远流长，历久弥新，已然成为中华民族乃至全世界的宝贵财富。习近平总书记深刻指出：“只有全面深入了解中华文明的历史，才能更有效地推动中华优秀传统文化创造性转化、创新性发展。”为了更好地了解和传承中华优秀传统文化，彰显周梅文化底蕴，发挥时代新人促进传统文化创新性发展的作用，周南梅溪湖中学着力构建传统文化节活动体系，推出“新品牌”，挖掘中华优秀传统文化的育人功能，通过营造浓厚氛围、开展特色活动、举办游园盛会分别助推传统文化节“走出来”“活起来”“火起来”，让中华文化展现出永久魅力和时代风采，也让全校师生立足文化自信，努力成长为堪当民族复兴大任的时代新人。

（二）搭建“传统节日”活动平台，培育文以育人“梅花林”

传统节日，是特殊的时间节点，也是文化基因的表征。中国传统节日的形成过程，是民族精神价值观凝聚和中华民族历史文化沉淀的过程。千百年来，传统节日赓续绵延、代代流传，承载着我们民族共同的历史记忆，凝聚着民族精神和传统价值理念，寄托着中华民族的情感与追求。随着时代的发展，传统节日以其背后震撼人心的民间故事和多姿多彩的民俗活动焕发出生生不息、历久弥新的生命力，成为共同的文化记忆与情感认同。

中华民族的每一个节日都有着它的渊源、传说和习俗。传统节日的习俗反映了古代劳动人民对美好生活的向往与追求，反映了民族的传统习惯、道德情操和宗教观念，比如春节的守岁、贴年画、贴对联，元宵节的吃元宵、猜灯谜，清明节的踏青、扫墓，端午节的赛龙舟、吃粽子，中秋节的团聚赏月、吃月饼，重阳节的登高望远、赏菊等。2019 年 3 月，教育部印发的《加强和改进中小学中华优秀传统文化教育工作方案》指出，要围绕落实立德树人根本任务，多措并举，推动中小学中华优秀传统文化教育常态实施。传统节日作为传统文化的一部分，理应被保护和传承。在传统节日的现实需要和教育的方向引领下，周南梅溪湖中学搭建了“传统节日”活动平台，在春节、元宵节、清明节、端午节、中秋节、重阳节等重要教育节点，利用升旗仪式、主题班会、横幅及橱窗宣传为学生普及节日文化和习俗，还开展了形式多样、内容丰富、赋能育人的节日活动、民俗活动，丰富学生精神文化生活，弘扬优秀传统文化，培育时代新风新貌，推进文化自信自强，凝聚强大精神力量。

1. 喜庆春节，守护传统文化落地之源

春节是中华民族最古老、最重要、最具特色的传统节日，主要代表人们辞旧迎新的美好祝愿。除旧迎新从本质上反映了中华民族对“新”的不懈追求，反映了中华民族求新求变的进取精神。春节期间，周南梅溪湖中学以辞旧迎新、祝福祈愿、寻脉传统年味为主要内容，开展“我们的春节”主题实践活动。活动重在进行民俗展示、文化宣传、关爱慰问等，倡导推进移风易俗，营造安定和谐、欢乐祥和的喜庆氛围。活动具体表现为“五福”收集，有年俗福——广泛了解并记录中国的年俗；美言福——写下原创的春节祝福短信和对联；微笑福——拍下春节期间遇见的最美笑容照片；美味福——与家人一起做年夜饭，拍下亲手做的美食并进行食物描写；团圆福——拍下家人团圆的照片，并进行场景描写。一笔一画绘制年俗福，一撇一捺写下美言福，一言一行定格微笑福，一饭一蔬共享美味福，欢聚一堂庆祝团圆福，周梅学子在春节期间寻脉传统、孝老爱亲，传承文脉，坚守文化自信。

2. 怀思清明，培育传统文化生根之壤

“燕子来时新社，梨花落后清明。”清明，既是节气，也是节日，节气与节日的双重身份在清明交汇，令这个日子有着特殊的意义。它是天朗气清、风和景明、踏青春游、追寻天地自然的“清明”；它也是正气清风、律己正身、洗涤杂尘、探求心灵境界的“清明”；它还是追思亲人、叩念故恩、弘扬孝道、促进家族凝聚的“清明”；它更是致敬英烈、缅怀先贤、传承先辈遗风、精神薪火相传的“清明”。

清明至，绘美景。又是一年春草绿，梨花风起清明时。清明时节，春景交至，草木萌发，惠风和畅，天地清明，是踏青的好时光，古人也有踏青插柳、亲近自然、欣赏美景的习惯。当走进大自然的怀抱，感受大地回春的气息时，生活仿佛都被赋予了新的意义。为倡导科学、文明祭扫，保护生态环境，沐浴自然清气，学校于2023年清明节开展“亲近自然·绘清明美景”绘画比赛，提倡以素描、国画、水彩、手抄报等形式，将清明时节看到的美景画出来。

清明至，扬正气。一年一度清明节，人们带着哀思，踏上祭奠之路，点燃一炷香，缭绕的烟雾承载着哀伤的思念，随风飘向久违的亲人。返乡祭奠仿佛是人们的情感认同，当一家人聚在一起话清明时，总会聊起许多家风故事，其中不乏清廉家风、清廉家训、清廉人物等。为了挖掘家族家风的正向能量，扬正气清风，在清明节期间，学校开展“一脉清廉相传颂，万代后人扬家风”一封家书话清廉征文活动、“传承家风·书清明家训”书法比赛，提倡学生以家族访谈、撰写家族人物故事、书写家训的形式开展家风传承的活动，怀念故去的亲人，弘扬孝道亲情，唤醒家族共同记忆，促进家族成员乃至民族的凝聚力和认同感。

清明至，祭英烈。清明雨纷纷，白花祭先人，缅怀先烈英雄事，热泪盈眶祭英魂。清明传递的不仅是哀伤与追思，还有凝聚的共识与力量。怀想我们的先烈，在国家面临危险的时刻，用自己的身躯筑起长城，保护中华民族的一寸一土；怀想像朱剑凡先生那样的革命教育家，以自我微光，做学生的领路人，点亮一片繁星；再想到当代的英烈，在山火蔓延之际毅然决然冲在灭火前线……历史定格，英雄长眠，精神永驻。小为家，祭祀祖先；大为国，缅怀英烈。清明节早已超越一人一地一事的悲喜，走向一方一国，展现人们追思历史、珍视家国的深度。

清明祭英烈，吾辈当自强。为深入营造崇尚英烈、缅怀英烈、学习英烈的浓厚氛围，引导学生在慎终追远、缅怀先辈的情怀中传承红色精神，弘扬中华文化，培育正确的人生观、价值观，珍惜当下的幸福生活，周南梅溪湖中学于每年清明节举行清明缅怀英烈系列活动（图1-5），利用线上线下开展祭英烈活动。线上全体师生通过瞻仰烈士纪念碑，献花篮、云点灯，抒写感言寄语，表达了对革命先辈的崇敬之心、感念之情、传承之志。线下学生通过瞻仰革命遗迹、参观红色革命遗址，纪念先烈、追忆先贤，继承发扬优良传统。值得一提的是，学校将清明节主题教育与党史学习教育相结合，由党员教师带领团员及少先队员，在周南历史文化名人墙旁举行缅怀英烈活动，党员、团员、少先队员代表在鲜艳的旗帜下敬献鲜花，鞠躬行礼，深深地表达了全体成员将烈士精神代代相传的决心。

图 1-5 “春暖山河正清明，缅怀先贤砺初心”——清明节缅怀英烈活动

清明节里祭忠魂，先烈豪气耀昆仑。相信全体周梅学子将传承红色基因，汲取前进力量，以无悔的青春建设更加美好的社会与国家。

3. 情浓端午，蓄满传统文化发芽之氧

又是一年端午节。自古以来，无数先贤忠贞不屈之英雄气节，撼荡天地、千秋凛然，铺就了端午节的文化底色。显然，追思为国为民的先贤，涵养家国情怀，已然成为端午节的鲜明主题。周南梅溪湖中学发挥端午节的育人功能，以家国情怀、爱国主义为主题，广泛开展中华经典诵读、诗文朗诵会、诗歌创作征集等活动追思爱国先贤，还开展志愿服务活动，提倡为生活困难的群众、留守儿童、残疾人、空巢老人等送粽子、献爱心，送去节日的祝福，传递民族温情，激荡爱国热情。

端午节悠悠文脉，源远流长，多姿多彩的民俗活动深深扎根在人民的生活中，吃粽子、赛龙舟、系五彩线、沐兰汤、穿新衣、赛诗歌等民俗活动已然成为每年端午节的必备节目。传统民俗活动的背后也彰显着人们团结协作、拼搏争先的奋斗精神，寄托着人们共话美好生活的点点滴滴。周南梅溪湖中学在每年端午节开展形式各样的活动，如“粽”情有你，包你满意——包粽子；“爱”草有你，采撷健康——挂艾叶花束；彩绳有你，祛除病气——戴彩绳；香囊有你，拾趣美好——戴香囊；彩绘有你，祈福安康——绘端午、制龙舟等。端午节民俗、

手工制作等实践活动加强了学生对与端午节相关的传统文化及民族精神的认识和了解，激发了学生从不同的角度感受端午节的意义所在，不仅让大家学到了关于端午节的有关知识，更在浓浓的节日氛围中，真正体会到传统文化的意义，使我国的传统文化历久弥新、发扬光大。

创新文化发展是推动中华文明不断焕发时代荣光的深邃思考。传统节日并不是一成不变的，随着时代的发展，在传统节日中融入新的形式，更能加深节日在人们心中的印象。

当端午节遇上高考时，周南梅溪湖中学校园内处处可见端午元素。墙上挂着"爱国爱家"的横幅，走廊处绑有高高挂起的香粽。课余时间，学生们走出教室，蓄力向上、一跃而起，与高挂的粽子"亲密"接触，有一举高"粽"的美好寓意，同时也缓解了考生高考即将到来的紧张情绪。这是属于端午节的美好寓意，也是周南梅溪湖中学端午节创新文化发展的一次成功尝试(图 1-6)。

图 1-6　"浓情端午，一举高'粽'"活动

4. 和美中秋，散发传统文化叶茂之光

中秋的一轮圆月，承载着人们"海上生明月，天涯共此时"的思念之情，寄托着人们"但愿人长久，千里共婵娟"的美好祝愿，饱含着人们"万里无云镜九州，最团圆夜是中秋"的团圆希冀，也流露出孩童"又疑瑶台镜，飞在青云端"的天真想象。中国人对故土的思念、对亲友的眷恋、对幸福的追寻、对美好的想象似乎从未停止。

丹桂飘香，蟹肥菊黄，中秋佳节时，学校开展“赏中秋，摄美景”摄影活动、“品中秋做美食”手工活动、“话中秋，颂浓情”创作活动、“绘中秋，叙团圆”配图活动，鼓励学生参加诵读诗词、赏美景、做月饼、品月饼、绘制月饼手抄报、看花灯、猜灯谜、饮桂花酒等活动，领略文化魅力。2023 年，学校抓住国庆节与中秋节同庆契机，将传统节日与特殊教育节点相结合，以“庆盛世华诞，迎金秋满月”为主题，开展“站在国旗之下，歌颂盛世祖国”祝福活动、“传唱经典故事，书写文化魅力”创作活动、“执笔庆贺国诞，手绘特色中秋”手工活动、“打卡实践基地，传承文化基因”走访活动，学科组也发动学生绘制中秋国庆团扇，培育学生爱国情怀。红旗飘扬挂满街，明月皎洁当空照，同贺祖国之诞，共赴明月之约，周梅学子献礼“双节”，努力散发优秀传统文化叶茂之光。

5. 爱满重阳，铆足优秀传统文化结果之力

岁岁重阳寄深情，孝亲敬老暖人心。农历九月初九是我国的传统佳节重阳节，同时也是敬老节。尊老敬老是中华民族的传统美德，重阳节凝聚了中华民族千秋万代“老吾老以及人之老”的浓浓深情和生生不息的民族风范。

流年不弃桑榆老，春光冉冉映重阳。重阳节是一个温暖的节日，是弘扬中华民族尊老敬老的传统美德和道德风尚的好契机。周南梅溪湖中学借此机会开展“岁岁重阳寄深情，孝亲敬老暖人心”主题升旗仪式，提倡学生孝亲敬老，弘扬中华民族的传统美德，还开展“寄重阳佳节深情，扬尊老中华之风”重阳节主题活动，通过向老人敬杯茶、给老人写首诗、为老人画幅画、给老人唱首歌、陪老人谈谈心、听听老人的故事、慰问孤寡老人等多种形式念亲恩、感亲意、抒亲情。浓情蜜重阳，周梅学子将重阳节的精神内涵很好地传递了下去，卯足传统文化结果之力，开出了社会和谐之花。

节日是时间的坐标，标注了文化传统、民族心理和精神内涵。岁月流转，生活方式不断改变，但传统节日丰富的文化意涵，始终具有浸润人心的作用。春节、清明节、端午节、中秋节、重阳节等传统节日是我国珍贵的非物质文化遗产，有着深厚的历史文化积淀。它们不仅蕴含着丰富而深刻的内涵，具有一定的教育价值，而且在推动社会发展的过程中发挥着无可替代的作用，成为中国特色社会主义文化建设中不可或缺的元素。

喜庆春节，守护传统文化落地之源；怀思清明，培育传统文化生根之壤；情浓端午，蓄满传统文化发芽之氧；和美中秋，散发传统文化叶茂之光；爱满重阳，铆足传统文化结果之力。学校牢牢抓住传统节日的育人功能和教化意义，在特殊节点开展系列活动，既使人们在节日中增长知识，受到教育，又有助于彰显文化、弘扬美德、陶冶情操。同时传统节日是传统文化的一部分，学校抓住特殊教育节点，利用传统文化之养料，培育校园特色文化之大树，为周南梅溪湖中学第二个十年发展蓄力，到时必定枝繁叶茂、花团锦簇。

三、弘扬优秀传统文化的育人实效

（一）校内育人实效

优秀传统文化进校园是必然趋势。从国家的顶层设计来看，推进优秀传统文化进校园的本质意义在于促进学校优秀传统文化教育成为一种常态、贯通和循序的教育。从校园层面来看，我们要贯彻落实优秀传统文化进校园的方针政策，深入挖掘优秀传统文化育人理念，打造“传统文化节”主题节日“新品牌”，搭建“传统节日”育人平台，让传统文化在周南梅溪湖中学校园常态化、贯通化、循序化。常态化具体体现为平日的、经常的状态，使优秀传统文化教育成为学校教育中的一种“法定性存在”。贯通化是指将优秀传统文化渗透到学校完整而全面的日常教育教学及其活动中，从而使中华优秀传统文化贯穿学校的各种课程与各个环节。循序化是一个看似普通却有深意的概念，优秀传统文化进校园旨在强调日常的教育教学及其活动的开展须遵循传统文化本身的发展逻辑，螺旋式地渗透，环环相扣，层层推进。

“三化”成风，共同推动传统文化发挥育人实效。接下来从以下几个方面具体谈一谈周南梅溪湖中学在弘扬优秀传统文化方面产生的实际效用。

完善德育体系，拓宽德育渠道。优秀传统文化可以为学校的德育体系提供丰富的德育资源，因为优秀传统文化中蕴含了丰富的道德教育资源，如儒家文化中的“仁、义、礼、智、信”等价值观。这些价值观在校内的传播和教育，有助于培养学生的道德品质，提高他们的道德素养。“传统文化节”已成为学校主题节日“四季六节”中独具特色且大放异彩的“一节”，大大丰富了校园文化生活，也为学校探索“五育并举”提供了新思路和新方向。优秀传统文化还可以拓宽德育渠道，强化德育实践。结合传统文化，设计相关的德育教育活动，如传统文化节中通过书法、绘画、视频等艺术形式展现传统文化，再如清明节祭先贤，端午节给生活困难的群体送粽子，重阳节去敬老院帮助老人，给老人唱歌、捶背，陪老人聊天等，能充分整合社会资源，让学生多渠道地感受优秀传统文化的魅力，同时能培养学生良好的品德和道德修养。

建设校园文化，培养审美情趣。优秀传统文化在校内的传播还有助于校园文化的建设。举办各种传统文化活动，如诗词朗诵、书法比赛、传统节日庆祝等，可以营造浓厚的校园文化氛围，增强学生的归属感和凝聚力。同时优秀传统文化中还蕴含着独特的审美理念和艺术形式，这些艺术形式可以作为校园文化的重要组成部分，丰富学生的课余生活，培养学生的审美情趣。

拓宽学生视野，培养社会责任感。通过对传统文化的学习，学生能够接触到更广阔的知识领域，了解不同历史时期的文化特色和社会风貌，从而拓宽自己的视野。通过了解优秀传统文化中的家国情怀和社会责任，学生能够更加明确自己的社会角色和责任，从而培养出更强的社会责任感，如2023年中秋节和国庆节同庆，学校抓住契机举办“庆盛世华诞，迎金秋满月”社会实践活动及中秋国庆团扇制作活动，培育学生爱国情怀。一座座红色丰碑就在一次次活动中逐渐立在学生的心中，永垂不朽。

综上所述，优秀传统文化在校内的实效体现在“完善德育体系，拓宽德育渠道”“建设校园文化，培养审美情趣”“拓宽学生视野，培养社会责任感”等多个方面。这些实效不仅对学生的个人成长具有重要意义，也有助于学校完善德育体系，培养出全面发展、具有深厚文化底蕴的优秀人才。

（二）校外推广实效

新时代以来，党中央把文化建设摆在全局工作的重要位置，深入推动中华优秀传统文化创造性转化、创新性发展，推动中华优秀传统文化焕发蓬勃生机。新的历史起点上，学校要更好担负起传播弘扬中华优秀传统文化的职责使命，要在深挖底蕴内涵、注重创新表达、紧扣时代脉搏上下功夫，更加生动地展现中华优秀传统文化的历史厚度、文明广度、精神高度和现实温度，更深层次地增强人们对中华优秀传统文化的认同感和归属感。周南梅溪湖中学在弘扬和传承中华优秀传统文化的道路上，不仅在校内取得了一定的育人实效，在校外推广上，也同样赢得了家长、媒体、社会的良好口碑。

(1) 校家同心，家校共育。家长是孩子成长的见证者和支持者，学校开展弘扬优秀传统文化活动会邀请家长参与。这不仅能激发学生的积极性，还有助于增进家长与孩子之间的感情，促进家庭和谐。学校十分注重校家一体，时常邀请家长进校园，赢得家长对学校优秀传统文化育人的良好口碑。

为了保持家长对学校优秀传统文化育人的认同，学校还将不断创新教育方法和活动形式，让传统文化教育与现代教育相结合，更好地发挥优秀传统文化的教育价值。同时，学校还将加强与家长的沟通，了解他们的需求和期望，不断提升优秀传统文化教育的质量和水平。

(2)媒体聚焦，精彩共享。学校十分重视优秀传统文化的渗透和发展，开展传统文化节游园会，将传统文化集于一场盛会，赢得外界媒体的聚焦报道。如 2023 年举办的第三届传统文化节游园会，《三湘都市报》发表《“品味 · 传承”，看长沙一场中国传统文化校园游园会来袭》，《潇湘晨报》发表《做糍粑、赏书画、对答诗词……长沙这所中学上演别样游园会》《在校园里感受时空穿越，长沙这所中学举办传统文化游园会》《在校园里逛吃是什么体验？长沙这所学校办传统文化游园会热闹非凡》，红网时刻发表《传统文化碰撞创新创意　这场校园游园会有看头》，《长沙晚报》发表《传统+活力，看周南梅溪湖中学的古风游园会！》。学校还重视非物质文化遗产草木染的传承。草木染是古人从天然的植物中萃取颜色，为织物上色。一小方织物里，包容了高山、河流、日月、风物，照见了智慧、勤劳、创意、审美。学校开设相应的特色课程，对草木染这一传统工艺进行详细介绍，并带学生实践，行之有效地将传统文化知识传输给学生。“新湖南”网站对学校草木染非物质文化遗产进行了报道。端午节时，恰好赶上高考，学校开展“浓情端午，一举高‘粽’”活动，既舒缓学生的紧张情绪，又弘扬了优秀传统文化，央视新闻总台湖南总站对学校高考学子过特色端午节进行了报道(图 1-7)。

(3)社会推广，携手共进。校园内优秀传统文化的推广活动，往往会引起社会的关注和正面反响。学校提升中华优秀传统文化宣传报道力度和水平，综合运用公众号、短视频、直播、深度报道等多种方式，增强主流社会骨干作用，展现周南梅溪湖中学传承和弘扬中华优秀传统文化的实践成果。这些活动的推广不仅增进了公众对传统文化的认识，还促进了社会对学校传统文化育人的支持，更有可能吸引社会资源投入，形成教育效益与社会效益的双赢。

图 1-7　央视新闻总台湖南总站报道

综上所述，优秀传统文化推广的校外实效是显著的，它不仅能够促进家长对学校传统文化育人的理解和认同，还能够加大媒体报道宣传力度，增加社会好感度，还对社会风尚产生了积极的影响，让每一位时代新人更好地担负起传播弘扬中华优秀传统文化的职责使命。

周南梅溪湖中学
传统文化节方案

周南梅溪湖中学
传统节日活动方案

第二节　发挥周南教育集团文化优势，赓续“红色文化”

一、红色文化与湖南教育

红色文化是指中国共产党领导中国人民在革命战争时期为实现国家独立、民族解放和人民幸福而铸就的以马克思主义为指导的一种先进文化，包括物质形态的红色文化和非物质形态的红色文化。社会主义建设时期特别是改革开放以来形成的时代精神、先进人物等是红色文化在新时期的延伸和发展。习近平总书记关于红色文化的重要论述不仅赋予红色文化以新的时代内涵和生机活力，而且深化了红色文化与教育的内在关系。

湖南被誉为“革命摇篮，伟人故里”，是一片群星灿烂的红色热土，诞生了以毛泽东、刘少奇、任弼时、彭德怀等为杰出代表的一大批老一辈无产阶级革命家和军事家。三湘四水红色资源遍布，湖南拥有不可移动革命文物 2300 余处、各种可移动革命文物 40 余万件(套)、各类爱国主义教育基地 480 余处，其中全国爱国主义教育示范基地 29 处，习近平总书记深情讲述的“断肠将军”陈树湘事迹、“半条被子”的故事都发生在湖南。今天，中华民族能屹立于世界民族之林，开启民族复兴伟大征程，与老一辈无产阶级革命家的无私奉献，与无数革命先烈浴血奋斗息息相关、密不可分。

湖南地区的红色文化被认为是中国红色文化的重要组成部分。它的具体表现形式十分丰富，其中包括物质、制度、社会文化和精神等，是学生进行理想信念教育的宝贵资源。湖南学校依托爱国主义教育基地，为学生设计寓教于乐、喜闻乐见的活动，让学生身临其境，重温历史，启迪思想，不断前行。让学生通过实践活动，从红色文化中爱国主义榜样的强大感染力与学生爱国主义情感培养要求的契合中挖掘爱国主义和民族情感的示范价值，从红色文化中优良革命传统的强大说服力与理想信念教育中塑造高尚道德情操、培养艰苦奋斗精神、养成健康文明生活方式的目标的契合中挖掘革命意志品质的教化价值，从红色文化中丰富的历史遗存等物质形式的强大冲击力中挖掘先进文化传承的陶冶价值，从而将生动丰富的红色文化融入理想信念教育中。

（一）以湖南红色文化蕴含的时代力量坚定学生的理想信念

理想信念作为一种社会意识形态，是特定时代的产物，反映着特定阶段的烙印。马克思曾说："人的本质不是单个人所固有的抽象物，在其现实性上，它是一切社会关系的总和。"一个时代的社会关系，是理想最根本的土壤。理想作为湖南革命先辈精神世界中最重要的一部分，是无数人身上凝聚成的精神现象。理想是一定社会关系的产物，深刻反映着革命先辈特定的物质需求和精神需求。因此，这些需求中蕴含着鲜明的时代力量。

面对近代以来中国封闭落后、任人宰割的现状，湖南革命先辈确立了为革命事业奋斗终身的理想信念和崇高情怀。他们将个人理想与民族独立相结合，将个人主观能动性与社会发展规律相结合，扶危救困，唤醒民众，组织湖南群众，抵抗当局欺压，积极开展抗租、抗债、抗捐、抗税等斗争。理想反映了特定时代湖南革命先辈的精神世界，更指明了特定时代前进的方向。随着革命之火不断燎原，湖南革命先辈对国家现状、地方状况及人的全面发展有了越来越清晰的认识，革命理想高于天，也越来越坚定对共产主义的信仰。为此，即使面对反动势力的打击迫害，他们也坚定理想信念，矢志不渝。

湖南红色文化中蕴含着很多优秀的精神品质，学校营造湖南红色文化环境和氛围能够对学生起到一定积极影响，为此周南梅溪湖中学充分借助湖南红色文化营造了一个良好的理想信念教育氛围，比如张贴一些有关红色文化的图片、文字等，学生可以在课余时间阅读这些内容，潜移默化地影响学生；又比如学校在平时的广播时间会播放一些与红色文化有关的小故事，将红色文化渗透于学生的学习与生活中，营造校园浓厚红色文化氛围，给学生带来良好熏陶和积极影响。

（二）以湖南红色文化蕴含的伟人力量助推学生的德才兼备

一个人形成了坚定的理想信念，就会为目标奋斗不息，表现在精神上是高度集中，表现在态度上是热情洋溢。在革命时期，这样的湖南伟人灿若星辰，其中最具代表性的是湖南湘潭的毛泽东同志。

第一，学习毛泽东同志无私无畏的革命勇气。“为有牺牲多壮志，敢教日月换新天。”这是1959年6月，毛泽东回到阔别32年的故乡韶山时，抚今追昔、饱含激情写成的《七律·到韶山》中的一句。向前回溯32年，正是1927年，毛泽东在韶山考察农民运动后，对乡亲们立下誓言：“二三十年革命不成功，我毛润之就不回韶山了！”革命理想高于天。从韶山出发，毛泽东与同志们义无反顾踏上革命征途。几经波折，毛泽东始终保持着无私无畏的革命勇气，展现了无产阶级革命家的坚定立场和广阔胸襟。

第二，学习毛泽东同志实事求是的创新品格。实事求是难，在逆境中做到实事求是更难。毛泽东在革命生涯中遭遇的劫难，很多因他坚持实事求是而生，也因他坚持实事求是而渡。实事求是是中华优秀传统文化的精髓，对青年毛泽东的影响很大。1917年前后，毛泽东寄住在湖南岳麓书院的半学斋，时常抬头观瞻“实事求是”匾额。2020年9月，习近平总书记来到岳麓书院，望着书院讲堂檐上的“实事求是”匾额，久久凝思，感叹道：“毛主席当年就是在这里熏陶出来的，实事求是就来源于这里。”实事求是深深烙印在青年毛泽东的灵魂深处，自那时起就从来没有动摇过，最终升华为毛泽东思想活的灵魂，也成为毛泽东引领革命事业守正创新的根本法宝。

第三，学习毛泽东同志坚韧不拔的顽强意志。每当挫折和磨难袭来时，毛泽东总是直面困难不畏缩，敢于斗争、善于斗争。早在青年时期，毛泽东就在《湘江评论》的创刊宣言中写道：“天不要怕，鬼不要怕，死人不要怕，官僚不要怕，军阀不要怕，资本家不要怕。”这是他不畏强权、敢于斗争的真实写照。在与强敌的斗争实践中，不论是政治、精神上受委屈、遭打击，还是生活上温饱难保，甚至是因患重病险些丧命，毛泽东都从来没有在困难面前低头，彰显了他“敌军围困万千重，我自岿然不动”的非凡战略定力、“奔腾急，万马战犹酣”的顽强革命意志。

致力非凡之事业，定有非凡之精神、非凡之担当。习近平总书记指出，“新征程上，不可能都是平坦的大道，我们将会面对许多重大挑战、重大风险、重大阻力、重大矛盾”，因此“必须有强烈的担当精神”。这既是对我们的殷切期望，也提出了能力素质新的时代标高。温室里长不出参天大树，懈怠者干不成宏图伟业。作为新时代少年，要向毛泽东学习，以“天欲堕，赖以拄其间”的豪情，始终保持干事创业敢担当、越是艰险越向前的奋斗姿态，牢固树立“为了胜利别无所求”的胜战意识，磨砺意志，锤炼本领，努力在新征程上展现新作为、作出新贡献、书写新荣光。

(三)以湖南红色文化蕴含的实践力量助推学生的知行合一

湖南红色文化蕴含着中国特色社会主义共同理想，传承着自强不息的中华民族精神，践行着中国共产党人崇高的理想追求和精神理念。理想，说到底是一个实践问题，不是思想认识问题。一切思想、一切精神只能从实践中来，并且要回到实践中去，经历实践的检验。湖南革命先辈对理想的追求从未停歇，这种追求并非停留在意识阶段，其集中体现是一次次武装革命的实践活动。在新民主主义革命时期，在中国共产党的领导下，湖南大地爆发了多次武装起义：秋收起义、湘南起义、桑植起义、平江起义等。毛泽东、刘少奇、任弼时、彭德怀等无产阶级革命家，为创建中国共产党、缔造中华人民共和国作出了卓越贡献，1955 年受勋、授衔的十大元帅、十位大将有九位来自湖南。

第一，引入红色教育资源，激发学生红色文化课堂实践活力。在教学中，教师有针对性地利用红色资源，可以进一步激发课堂活力，增强革命文化教育入脑入心入行的实效性。

红色歌曲体现了革命文化的传承，能够激励学生奋发向上。教学中，运用红色歌曲资源，不仅能让学生身心愉悦，获得美的享受，而且能从中汲取精神力量，受到革命情怀的感化，增强学生的政治认同感和责任意识。在教学中，我们要充分挖掘红色资源，搜集发生在湖湘大地的革命故事、文献影像等红色文化资源，挖掘革命英雄出生地的“红色烙印”和奋斗地的“红色遗址”，用声音力量、音像媒体激活红色文化，让红色基因在学生心中生根、开花、结果。

第二，开发红色教育微线路，建设学校红色教育社会实践平台。课外实践教学是学校教育必不可少的组成部分，同时也是课堂教学的重要补充形式。丰富多彩的红色实践教学，有利于增强学生对红色文化的感性认知，进而激发强烈的学习兴趣和认同感，真正实现知行统一。习近平总书记曾多次强调社会是个大课堂，青年要成为国之栋梁，既要读万卷书，还要行万里路，充分强调理论与实践相结合的重要性。实践出真知，只有真正体验过才能探求红色文化的真理价值属性。让学生走出校园，做红色文化的体验者、践行者和宣传者，进一步增强红色文化教育的时效性。学校利用寒暑假或者法定节假日开展红色文化下乡、下街道主题宣讲活动。在这一过程中，不但锻炼了学生的语言表达能力，而且增强了其自身对红色文化的理解与认同。通过去拜访革命军人或者其后辈，聆听他们对红色文化的解读，感受他们亲身经历的革命史实。进一步加强学校与革命老区、文化宫等教育基地的联系，尝试建立形式多样、稳定持久、分布广泛的学生社会实践教育基地，为学生开展红色文化实践活动提供保障。

第三，深入红色教育基地开展教学。为缅怀革命先烈，传承优良传统，湖南省已形成多个革命传统教育基地，如韶山毛泽东故居、宁乡刘少奇故居、炎陵县红军标语博物馆、中国工农红军革命活动炎陵纪念馆、通道转兵会议旧址和纪念馆、芷江中国人民抗日战争胜利受降纪念馆等。这些地方成为湖南宣传和弘扬革命优良传统的重要载体，成为培育和践行社会主义核心价值观的生动课堂。我们加大课外实践力度，组织学生走访湖南红色文化景点，诸如毛泽东故居、彭德怀故居等，让学生切身感受湖南红色文化信仰，帮助学生树立正确的思想观念。通过浸润孩子成长的灵魂，引领学生形成积极的思想价值，以此来扩大红色文化教育的影响力。这对于培育和弘扬学生的爱国主义情感和民族精神都具有重要的现实意义和深远的历史意义，是个体成人过程中思想价值引领最重要的风向标。凭借实践载体力争走出一条科学而别具一格的教育新路，真正使红色文化教育落地生根。

湖南红色文化内容丰富，内涵隽永，是学生理想信念教育的重要资源。深入挖掘湖南红色文化的内容，不断提升湖南红色文化在学生理想信念教育中的价值，也会成为全面建成社会主义现代化强国的重要组成部分。作为湖南教育工作者，我们有责任、有义务持续推动湖南红色文化融入学生理想信念教育，进而为建设富强民主文明和谐美丽的社会主义现代化强国贡献力量。

二、红色文化与周南教育

周南教育集团的办学史是一部与国家前途命运紧密相连的历史。我们将继续从学校文化和教育实践中汲取力量，建设“红色周南”，在践行培根铸魂职责使命与促进教育高质量发展的过程中展现周南担当。

（一）毁家办学，青春“不凡”

朱剑凡原名周家纯，号吕生，1883 年出生在宁乡。入民国后改名朱剑帆，“帆”字以后又省写为“凡”。

朱剑凡是朱元璋的二十七世孙，其先人在清代为避祸而改姓周，父亲周达武乃湘军将领，可谓家世显赫。但当时中华民族面临空前的危机，国破积弱，朱剑凡并没有过上安逸生活。受王夫之、魏源等先贤忧国忧民思想影响，朱剑凡立志“戍武救国”，却因视力不及格被拒于日本士官学校门外。在弘文学院学习期间，朱剑凡结识了黄兴、陈天华等革命志士，转而“政治救国”。他劝说岳父起兵抗击入侵国土之沙俄，遭到反对。从此，他“破灭了对当权人物的幻想”。

“男儿当自强”，屡遇挫折的朱剑凡最后把志向确定在兴办女学上，以期“教育救国”。据朱剑凡长子朱伯深回忆：“先父痛心自己母亲姚氏的遭遇，这是他办女子学校动机之一。”朱剑凡的母亲姚氏，是父亲周达武所纳川籍妾室，受到正室虐待，时被责骂鞭挞，朱剑凡认为“女子沉沦黑暗，非教育无以拔高明”，期望“使全国妇女和男子平等”。

1905 年 5 月，朱剑凡将自己在长沙泰安里私宅的半边园林辟为校舍，办起了女子学校。为免遭查封，朱剑凡以塾馆的合法形式将女校命名为“周氏家塾”。那一年，朱剑凡才 22 岁。“也许他有些叛逆，也许他有些疯狂……但他在我们心中，是一座永恒的丰碑。”周南学子每次忆起朱剑凡，总是仰慕不已。辛亥革命以后，朱剑凡多方努力，争取湖南省都督府批准将周氏家塾改为湖南私立周南女子师范学校。校名定为“周南”，意为宣扬“正始之道，王化之基”，为了“乐得淑女”，培养贤才。此后，朱剑凡将自己宅后全部园林立契捐赠周南。为了办好周南，朱剑凡先后捐赠资产价值 11 万余银圆。

（二）矢志办学，甘当“跪族”

创业难，兴业更难。虽然周南因教学成果显著受到政府支持，但仍然入不敷出，教学经费捉襟见肘。

为筹集教学经费，朱剑凡常恳求节俭一生的母亲解囊救急，下跪陈述其理想志愿，得到援助。朱伯深回忆说：“我在孩童时代，曾多次亲见父亲跪在姚氏祖母膝前撒娇、啼哭，乞求给钱支付家塾经费。”朱剑凡的妻子是晚清名臣、两江总督魏光焘的女儿魏湘若，嫁给朱剑凡后没有“享过一天福”，对丈夫的事业支持有加，曾变卖了自己陪嫁的全部金银首饰及珍贵皮服等，资助丈夫办学。

母亲去世后，朱剑凡加大了对学校的建设力度。他变卖田产，将园林改为校舍，填池盖房，置办桌椅、教学仪器、体育设施等，“教学之风昌盛”。

朱剑凡为建校心力交瘁，为教学更是殚精竭虑。他为振兴周南，求贤若渴，广纳人才。周南初创时期，朱剑凡就邀请徐特立为学生讲授国文、史地，备受学生欢迎。朱剑凡还资助徐特立前往上海、日本考察教育，求得新知。徐特立自此对朱剑凡倍加推崇尊敬。据朱伯深回忆："他（指徐特立——编者注）哪怕写一个便条给先父，都署名'受业徐特立'。"

当时，周南女校开设了英文课，但教员却十分缺乏。朱剑凡重金聘请谢仲仁来校授课，谁知谢仲仁刚教了一个学期就请辞。朱剑凡苦苦相求，谢仲仁仍不为所动，执意还乡。无奈之下，朱剑凡竟然跪了下来，替学生乞求谢仲仁留教。谢仲仁为其赤诚所感，克服困难留了下来。

男儿膝下有黄金，朱剑凡为了教育跪求母亲，跪求教师，却拒绝北洋政府国务总理邀请他出任教育总长，更拒绝与湘督合作。朱剑凡为兴教下跪，却断然拒绝高官厚禄，让人们看到了他"安能摧眉折腰事权贵，使我不得开心颜"的高尚品格和浩然正气，难怪毛泽东也夸赞他"是一个很有骨气的人"。

由于朱剑凡的呕心沥血，周南影响渐大，一些名师闻风而至。除了徐特立，李士元、周震鳞、熊瑾玎，共产党人周以栗、张唯一、陈章甫，全国著名诗人吴芳吉，著名学者李肖聃、杨树达、周世钊、唐梅村等，都先后在周南任教。

（三）创新强学，智斗"封建"

"清后禁女学，谕旨何森严。非有朱先生，安能有周南。"周南曾经传唱一首《纪念朱校长》的歌，歌词赞誉朱剑凡为教育界树立了榜样，成为培育国民精神的标杆。

其实，早在1903年，长沙就有湖南民立第一女学堂，随后又有淑慎女学堂，但是两校均于1904年秋被清廷勒令停办，成为封建礼教的牺牲品。

为了周南的生存和发展，朱剑凡与封建"卫道士"斗智斗勇，冲破封建礼教的桎梏。周南女校成立之初，男教员多，一些劣绅以"男女混杂非礼"为由，诬蔑攻击朱剑凡。但朱剑凡办学之志甚坚，机智地借用慈禧"垂帘听政"的做法，在男教员与女学生之间用竹帘隔开"垂帘授课"，闻声不见人。因为谁也不敢质疑慈禧"垂帘听政"与男大臣"男女混杂非礼"，避免了不少麻烦。这在今天看来，有的人甚至认为朱剑凡当时的做法"是个笑话"，但在当时的形势之下，这种做法无疑是需要大智慧、大勇气的。

与当时私塾学堂不同的是，周南女学偏重于学以致用，学生在开智明理的同时，也能有一技之长。有个叫友姑的尼姑，刺绣堪称一绝，朱剑凡请她到周南教女红，不少学生能凭此技养家。同时，朱剑凡给友姑取名李淑仪，安排她在周南最后一班的师范科就学。李淑仪珍惜学习机会，居然学业有成，50 岁时应聘到印尼教学，不幸因病身故于船上，海葬在西南太平洋。朱剑凡闻讯长叹："友姑精神不死。"他是多么希望有更多的"友姑"成长，多么希望所有的周南女生乃至全国女同胞都像友姑一样自立自强！

朱剑凡开门办学，制定了校训：自治心(节制整洁)、公共心(博爱仁恕)、进取心(勤勉耐劳)。这既使学生养成了勤勉学风，也营造了活泼气氛，使周南吹进清新之风，学生与校长之间既是师生，也是益友。据朱伯深回忆："我家里时常有周南学生到访，她们和先父畅谈各种问题：个人困难、家庭纠纷、学习方向、择业方向、世界观等。如陈舜琴回麻阳，李宗莲回湘潭，向警予回溆浦，都要在自己的县城里办学；如蔡畅、劳君展、魏璧等要赴法勤工俭学……她们都曾造访……总是带着满脸疑难而来，又带着满面笑容离去。"

"名出国风，声蜚海外，桃李遍神州，煌煌业迹昭史册……"周南为纪念朱剑凡建造的"剑凡堂"门前的对联，正是对朱剑凡一生的中肯评价。从周南女校走出了向警予、杨开慧、丁玲等一批优秀的女性，朱剑凡无愧"煌煌业迹"。

"周礼尽在，南化流行。"朱剑凡精神不朽，周南"不忘初心"秉志前行。

三、红色文化与周南梅溪湖中学教育

(一)树立红色丰碑，打造革命文化阵地

湖南是伟人故里、将帅之乡。习近平总书记考察湖南时指出，湖南是一方红色热土，可谓"十步之内，必有芳草"。百余年来，周南革命文化始终与党和人民紧密相连，与时代步伐同频共振；一代又一代的周南人始终像周南梅溪湖中学校歌中所咏唱的那样，"勤朴诚善，谦雅弘毅，冰霜雨雪风中立；博学笃行，只争朝夕，春华秋实报大地"，以丹心热血回报祖国大地，在中华人民共和国的革命、建设与发展历程中灼灼其华、熠熠生辉。

为致敬先烈，仰望崇高，周南梅溪湖中学树立了一座红色丰碑——红色历史文化墙(图 1-8)，缅怀灿若群星的革命先辈、红色人物，如著名革命教育家朱剑凡(图 1-9)，中国妇女运动领袖向警予、蔡畅，革命女作家丁玲……他们如梅独先天下春，廉洁奉献，高洁不屈，是周南梅溪湖中学红色基因的奠基者，是周南梅溪湖中学人最为宝贵的精神财富。

图 1–8　长沙市周南梅溪湖中学历史文化名人墙

图 1–9　革命教育家、周南创始人朱剑凡先生

(二)构建红色课程，重温革命文化思想

1. 推进湖湘有风景的思政课堂，浸润红色文化

有风景的思政课，是课堂之外有思想的风景；有风景的思政课把思政课堂

搬进红色景点，在沉浸式、体验式环境中浸润红色文化、传承红色基因、赓续红色血脉。学校注重学校思政课的建设，注重课堂内外融合，主张利用本土红色资源，如梁倩老师在革命烈士故居内开讲别样的思政课(图 1-10)，以时空对话的方式走近了革命先贤，让学生在有风景的思政课中涵养德性，提升素养，领悟红色清廉文化的价值意蕴。

图 1-10　梁倩老师带领学生前往新民学会旧址上有风景的思政课

2. 共建家校社联动的研学课堂，传承红色基因

在加快建设高质量教育体系、全面推进家庭教育等新形势下，家校社协同育人的重要性已经被提到前所未有的高度。对于学生而言，家庭的职能是养育，学校的责任是教育，社会的功能是协育。基于此，周南梅溪湖中学携手家长，带领周梅学子走进韶山，在领袖故里传承伟人精神，立报国志；走进党史陈列馆，重温党的奋斗史，历峥嵘岁月，铸盛世荣光；走进“梅好”志愿者团队行动中，将红色基因内化于心，外化于行……与此同时，学校将雷锋纪念馆、花明楼刘少奇故居、湖南烈士公园等各类校外教育场所作为社会“大课堂”，以历史讲解、诗歌朗诵、“超越时空对话先烈”、担当义务讲解员等多种形式，教育引导学生追寻红色记忆，汲取奋进力量(图 1-11)。

图 1–11　周南梅溪湖中学学生开展“学习红色党史，铸造强国信念”暑假社会实践活动

3. 打造党、团、队干部的政德课堂，涵养干部政德

为了帮助广大党员、团员和少先队员干部树立良好的政德，学校依托红色文化资源，设立了以“传承红色基因，涵养干部政德”为主题的系列政德课堂，开展“学习贯彻党的二十大精神”集中学习活动、书记校长讲授党课活动、青年团校学习活动、“红领巾心向党”活动、“四史”教育主题团队日活动以及初一年级少先队退队仪式等党团队主题活动。

党员干部围绕“学习贯彻习近平新时代中国特色社会主义思想”集中学习活动，认真学习党史、了解新中国史重要人物，以人物故事为载体，瞻仰缅怀革命先烈，讲述先辈干革命、搞建设、抓改革的艰辛奋斗历程和感人的红色故事，深入挖掘革命先烈身上凝聚的政德品质与红色清廉精神，感悟先辈明大德、守公德、严私德的政德品质，为新时代自身政德建设汲取更为丰富的精神养料。

（三）开展红色活动，传承革命文化基因

周南梅溪湖中学以重要时间节点为引领，以红色历史教育为抓手，弘扬清廉作风，积极开展一系列活动：三月学雷锋，四月话清明、五月爱劳动、六一儿

童节、七一建党节、八一建军节、铭记“九一八”、国家公祭日、抗战胜利周年纪念日……学校以红色节日为契机，搭建丰富多彩的育人平台，植树节“有树可栖，未来可期”植树志愿服务活动、世界读书日“党员正研读，书卷共清香”活动、铭记伟大长征·礼敬英勇红军——红军长征故事讲演比赛、阳春布德泽·雷锋润梅魂——学雷锋情景剧表演大赛、“新时代好少年·红心向党”主题朗诵比赛、“观红色经典，忆百年党史”——《建党伟业》观影活动……一系列活动让学生深刻感受到红色文化的深厚内涵与历久弥新的教育意义，从而抒发对党的诚挚热爱，引领学生关注历史、着眼当下，擦亮心中鲜红旗帜，争做新时代好少年。

育人花开无穷尽，学校文化别样红。学校开展红色文化育人实践，挖掘红色资源、打造红色课堂、开展红色活动，让红色文化浸润学生血脉，传承红色基因，永葆清廉本色，为国家培养、输送一批又一批红心坚定的青年人才，在全面建设社会主义现代化国家新征程上担当历史使命，将红色江山世世代代传承下去！

第三节　依托梅溪湖地域文化优势，创设“梅文化”

花有千万朵，独爱五彩梅。周南梅溪湖中学独爱梅，爱梅迎难而上的心态，爱梅坚韧不拔的行动，爱梅为而不争的品格。全校以梅为师，以梅喻人，打造周南梅溪湖中学成为全国优质的以梅为主题的学校：铸就梅一样的学校，培养梅一样的师生。

从地域文化方面来讲，周南梅溪湖中学位于长沙市湘江新区梅溪湖国际新城，其地理位置与“梅”有着紧密联系；另一方面，作为中华民族重要的精神象征，梅花的精神和品格恰好与当代中学生所需要具备的特质相吻合。基于这两点思考，早在学校建校之初，叶双秋校长就借助梅溪湖得天独厚的地理、人文环境，创设了以“梅”为核心的校园文化。

梅开五彩，美好自来。周南梅溪湖中学，定位明确，文化立校，一路披荆斩棘，凭借傲雪自强的精神“逆袭”成为一方赞誉的特色强校。它利用“梅”这一独特的文化品牌打造周南梅溪湖中学的特色学校文化，并通过一系列实践，紧紧围绕梅文化，面向未来，不断充实、丰富学校理念的内涵，坚持特色办学，让周南梅溪湖中学傲雪吐芳、热情昂扬。

周南梅溪湖中学以梅为名，也要以梅知名，以梅的精神和操守做教育，办有特色、高品质的学校。梅文化具体来讲包括精神力体系、实践力体系、形象力体系三个方面。

一、精神力体系梅文化

梅开五彩，绿梅、墨梅、红梅、青梅、白梅，五彩缤纷；人有五品，德育、智育、体育、美育、劳育，五育并举。周南梅溪湖中学以梅为名，培养如梅般品高毅行的未来英才。五彩五品，彰显个性，又全面发展，“梅好”教育，让每一位师生以如梅般品行追求美好、追求卓越，盛放于未来。

（一）办学理念：让每一位学生体验成功的喜悦，让每一位学生拥有幸福的未来

“梅具四德，花开五瓣”，“五瓣”分别寓意着成功、幸福、健康、顺利、和谐，学校的办学理念便取自于其中两个最为核心的意义——“成功”“幸福”。一枝独秀不是春，百花齐放春满园。梅花报春，唤醒了沉睡的大地，唤来了百花齐放，亦如周梅三千学子各美其美、美美与共，践行着学校“让每一位学生体验成功的喜悦，让每一位学生拥有幸福的未来”的育人使命。

（二）核心价值观：梅开五彩，美好自来

1.解读“美好”

“好，美也。”（《说文解字》）“美”“好”本义相通，美好代表一种高度发展境界，追求美好是一种卓越精神，是积极、正能量的体现，引导师生昂扬向上，自信自觉地注重和谐、拥抱未来。“梅好”教育，谐音“美好”，寓意追求卓越与美好。根据“梅好”教育理念，确立了学校的核心价值观——梅开五彩，美好自来。

梅彰显英才气质的最突出的表现就是其代表的积极心理品质。积极心理学的基本目标是充分开发学生潜能，培养乐观、向上的心理品质，促进人格的健全发展，全面提高全体学生的心理素质，大幅度提高学生的学习和生活的效能与质量。完善积极人格是人全面发展的需要和标志，积极人格品质包括美德、创造力、毅力、勇气、智慧、乐观、远见、责任感等，这些品质与梅花的精神内涵相吻合。在积极心理品质的作用下，个体会受到内在激励，充分发挥其潜能，积极地寻求更大的挑战。“梅好”教育引入积极心理学作为教育的基础，激发学生对生活和学习的热情，塑造优秀的积极心理品质，以学校文化及实践来引导与协助，为学生的长远发展奠基，美好自来。

“梅好”教育认为：梅开五彩，五彩为好。人发展的“五彩”是成功成才的基本素养，是培养如梅人才的特色表达。教育要成就每一个人的独特色彩，培养五种成长能量，才能实现和谐的发展，成就卓越的未来，才能算得上是好的教育。

“梅好”教育是对梅文化的深度且全新的解读。周南梅溪湖中学在集思广益及充分实践的基础上，对梅文化上做加法，而现在更需要的是做减法，思考怎样的“梅文化”才能更加深入人心。“梅好”理念围绕三个点来聚焦、思考学校的定位和未来，去培养如梅一样真正卓越的人。聚焦梅身上的三种特质：迎难而上的心态、坚韧不拔的行动及为而不争的品格。“墙角数枝梅，凌寒独自开。”凌寒而放，展现的是我们迎难而上的心态，这是成功的开始，梦想的开始。“宝剑锋从磨砺出，梅花香自苦寒来。”不断经历苦寒的磨炼，才能散发成功的香气，体现的是坚毅精神，是奋斗过程。而“待到山花烂漫时，她在丛中笑。”报春而不争春，默默奉献，为而不争，这是人生大智慧，这也是周梅学子走向社会、良性发展的重要品质，是周南梅溪湖中学独特的培养目标。

这三点紧扣“梅”生长的过程，也暗喻了师生的成长过程、做事的过程、成功的过程，是贯穿每个人一生的优良品质。周南梅溪湖中学每一位像梅一样的老师和学生，都要具备这三种品质。从这三点出发，“梅好”教育就是让全校师生在学习、生活、成长中，都要做一个这样的人：吃别人吃不了的苦，做别人做不了的事，存功成不必在我的心。

2. 解读“梅开五彩”

梅文化落实到具体的发展诉求，结合五育并举的教育方略，以及中国学生发展核心素养“三类六项”（其是由国际教育领域归纳的核心素养结合中国实际提炼而来，具有总结性和独特性），“梅好”教育将“五彩”解读为自主发展的正能量场、勤奋朴实的行为实践、高雅远识的理想格局、诚善爱人的美好心灵，以及为而不争的良好心态。

（1）建造自主发展的正能量场。依据传统教育理念，学生在学校教育中扮演的角色多数是被动的，外部驱动和管教是学生发展的主要态势，这其实是一把“双刃剑”。一方面，适当、科学地管教可以保证学生的正常学习，激发思维创造能力；另一方面，如果让学生时时感到被约束、被灌输，外部驱动很难转变为内在动力，就会妨碍学生个体的持续性发展。

“遥知不是雪，为有暗香来。”梅开在寒冬，但梅香馥郁，凭借的就是将外部严寒转变为磨炼自身的正能量，是自主选择、自主坚持的结果，这也是梅能成为受人尊敬的意象的原因。“梅好”教育打造自主发展的正能量场，一方面，将约束与灌输转变为引导和激励，通过外部驱动激发学习热情和成长动力，培养学生个体自主谋求、追求人生理想的良好品行。另一方面，“场”的概念源于物理领域，指不同物质相互作用的空间区域，而“梅好”教育所追求的，也不单是个体的发展，而是诸多个体在成长过程中散发正能量，在学校形成积极向上的能量场，感染、激励身边的师生，共同进步，持续发展。

(2)勉励勤奋朴实的行为实践。勤奋好学、实事求是是成功的基础。梅向往明媚的春光，但从不空想，只是默默忍受寒冷，坚持到“山花烂漫时”，朴实的理想、坚毅的精神，是如梅傲立的基础。

李大钊曾有“不驰于空想，不骛于虚声”之言，勉励人民为了美好生活勤奋踏实地奋斗，发扬励志在勤、守心在朴的精神。勤朴既是世界观，也是方法论：一方面是认真对待学习、工作、生活的恳切态度，相信通过切实的努力能够实现理想，成就人生；另一方面是踏实笃行，一步一个脚印地做精做实每一件事，业精于勤，勤之为本。

对于师生来说，要养成坚毅笃志的成长型思维。学习生活中的困苦和挑战，都需要成长型思维去克服，转化为新的动能。成长型思维有助于培养学生面对困难和挑战的积极态度，激发大脑活力。培养学生的成长型思维，鼓励学生注重发展过程和收获，而不只是结果，提供平台让每一个学生去接受挑战、笑对挫折，立志笃行，实现真实的成长。

(3)树立高雅远识的理想格局。王阳明道：“知行合一。”以知导行，以行促知，努力要有方向和理想的指引，见识和志趣决定了个体的发展方向和成长空间，高雅的志趣和远见卓识可以塑造个体的气质。

学校不是教育开始与结束的发生地，高考也不是学习的终点，倡导素质教育的模式下，首先要促进观念和教育方式的转变：每一位师生不汲汲于成绩排名，而是有更高的眼界和格局，有自我成长的规划与理想，怀有探索世界、探索未来的决心，多元发展，积极实践与作为。

(4)培养诚善爱人的美好心灵。如果勤朴和理想是自我修炼，那么诚善爱人之心就是追求“和谐”之道，是立德树人理念的体现。在未来多元的社会中，没有任务是个体可以独立完成的，没有“和谐”的资源，不会取得长足的进步，更不会适应未来社会的需求。一颗充满德性智慧的美好心灵，是永不过时的做人的基本要求。从人与自我，到人与他人，直至人与社会、人与世界，爱人之心、诚善待人是打造和谐发展环境、实现社会价值的必备因素，也是提升情商、追求成功的必然要求。

(5)养成为而不争的良好心态。为而不争不是不求上进，而是在勤勉奋进取得成绩之后，不骄傲、不自傲、不争强好胜，保持继续前进的良好谦雅心态和奋斗姿态，这是难得的、可贵的人生智慧的体现。“俏也不争春，只把春来报。待到山花烂漫时，她在丛中笑。”争先但不倨傲，我们共同拥有整个春天。为而不争、乐群共生，就是一个美好的人，令人心生欢喜，正如吴晗清教授所言：“做人极度温暖，做事极度专业。”习近平总书记指出，共产党员要有“功成不必在我”的精神境界和“功成必定有我”的历史担当。梅独天下而春，却能回归“丛中笑”，报春后笑看百花争艳，这种格局和心胸，也应当赋能师生的社会意识、集体意识，即为集体发展奉献自己的一份力，同时也能清楚地认识到个人价值与社会价值实现统一的最终导向。

（三）育人目标

培养素质全面、品性优秀、精神富有、境界崇高的“美好”人才。从周南梅溪湖中学的“梅文化”实践中来，到全校“美好”人才追求卓越与美好未来的理想中去。“梅好”教育，培养“美好”的人。何为“美好”的人？“美好”的人是全面发展、可持续发展的人。素质教育模式下，学校教育重视人的思想道德素质、能力培养、个性发展、身体健康和心理健康教育，更加注重个体的全面发展和个性培养。“美好”不再只指努力、勤奋等基本素养，更重要的是要凸显个体“精神的富有”，即灵活的思维、积极的心态、开阔的眼界以及发展的多种可能性等，这都是未来教育所要追求的“美好”。梅开五彩，五育并举，培养素质全面的人；以梅为师，以梅喻人，养成学子优秀的品性。让周梅学子充分拓宽发展空间，寻找兴趣与热爱所在，保持勤朴、诚善、谦雅、弘毅的精神品性，全面而有个性地发展。

勤朴坚毅是梅重要的精神内涵，但不是周南梅溪湖中学重点强调的培养目标，学校看重的是人的“美好”，是更有助于学生一生发展和成长的幸福力量。所以梅乐观热情、谦雅高洁的富有的精神世界，成为学校育人过程中重点关注的因素。学校教育不仅要对学生的升学就业负责，更要对学生的终身幸福负责。这大胆而又朴实的想法，是学校推行素质教育、培养可持续发展的社会英才需要坚持的理念。

英国哲学家罗素认为：“审慎对热情的冲突是一场贯穿着全部历史的冲突。在这场冲突中，我们不应完全偏袒任何一方。”教育当然更不例外，但尽可能处理好审慎与热情的“冲突”，重视个体需求，便又向着目标前进一步。审慎其实就是引导学生以未来理想为标杆，注重现时的努力，“考高分、考清华北大”的“传统”目标也好，“做科学家、做医生、做文学家”的个性理想也好，“为中华之崛起而读书”的伟大担当也好，鼓励学生为了理想而奋斗，筑梦未来，这是学校教育的重要意义，毫无过错。但是，过去的学校教育，更多地强调牺牲式的努力，将激发生活乐趣的“热情”看作是危险的，忽视了日常生活，这样一来，便很容易丧失生命中一些美好的事情。一方面，学校将社会的目的强加给学生；另一方面，学生个人也渐渐把自己的一生视为一个整体，于是越来越多地为自己的未来而牺牲自己的目前生活。这样是有着极大风险的，如果学生缺乏热情地学习与成长，不只眼前，未来也很难达到所谓“美好”的境地。

而精神富有、境界崇高，展现的是一种高品质、高度发展的成长状态，这是以梅育人的核心。梅兰竹菊——四君子以梅为首，其品行高洁，傲骨而立，但又全无傲气，反而谦雅贵和。周梅学子首先要有高雅的志趣和理想，以知识升华自己，以读书涵养精神。同时，进入中学阶段，应该逐渐形成对人生、对未来的初步设想，努力探索热爱并坚持认为值得的事物，树立远大志向，与教师、与同学乐群共生，携手迎接一个又一个美好的春天。

健康的、可持续发展的教育，就是让学生拥有自由的思维、热情的灵魂，让每一位学生都有自己的姿态、自主发展。学校通过教育教学、兴趣激发与引导，致力培养有兴趣特长、思维灵活、看待事物通达、多样发展的个性学子，形成周南梅溪湖中学欣欣向荣、百花齐放的美之境地。

在“梅好”教育的润泽下，学校为每一位学生搭建成长与发展的空间，“名学生工作室”、丰富的社团活动、多样的校本课程，真正将学生作为发展主体，将每一位学子培养成为有远大理想、踏实奋进、不断挑战、坚持热爱，同时思维灵动、行动有方向有思考、自主发展、笃行致远、知行合一、百折依然坚守、春来昂扬绽放的梅中学子，让人人向往多姿的春天。

（四）办学目标：办一所梅香四溢、领秀创先的特色强校

梅香四溢亮特色，领秀创先做强校。做好自己，则“美好”自来。办特色强校一直是周南梅溪湖中学的理想与目标。学校的特色，一定是有品牌的、高格局的、向未来的，既要有自己的独立品格，更要有面向未来的大气包容。“梅香四溢”，就以“梅”为意象，凸显学校如梅般的高品质与独立品格；“领秀创先”，表达学校面向未来、一往无前的勇气和信心。

周南梅溪湖中学只看校名，其品牌特色和独立品格就可见一斑，这是学校的天然优势资源。学校建校不久，就移植数百株梅花进校，奠定了学校的文化风格，蕴含了品牌能量。通过学校的实践探索和文化提炼，“梅文化”的大气包容在周梅的办学中得以彰显。

周南梅溪湖中学“多推一”的办学模式，奠定了其大气、包容的格局。周南梅溪湖中学作为长沙市第一所实行“多推一”办学模式的学校，吸收其他学校资源和经验，求新求进，充分利用“梅文化”资源，以校园文化建设为抓手，在众多学校中独树一帜，立志从长沙教育、湖南教育中脱颖而出，砥砺奋进、领秀创先，打造有文化味、有说服力的特色强校。

(1)有韧性，如梅傲雪而立。周南梅溪湖中学是长沙市第一所实行“多推一”办学模式的学校，它不负厚爱，顶住压力，克服办学以来的种种困难，迎难而上，取得累累硕果。“韧性”是从学校发展过程中生发出来的真实品格，并且在不断的学校实践中内化到师生的心田。

梅的形象是周南梅溪湖中学的真实写照，更是学校在下一步发展中坚持奋进的理念，不断逆袭，待到山花烂漫时，笑逐颜开。

(2)高格局，如梅自信大气。学校的高标准、高起点，奠定了学校高格局、大气度的发展态势。周南梅溪湖中学的发展在“梅好”文化的引领下，聚师生之力，把学校文化、学校工作、学校成绩做出特色、做成品牌，行稳致远，细水长流，有了坚实的思想基础和丰富的实践经验，在未来，周南梅溪湖中学定能绽放更绚丽的光华，奔向更辽阔的远方。

(3)敢创为，如梅开百花之先。梅溪湖本无梅，建校伊始，学校移植三百多株梅花进校，美化了校园环境，奠定了梅文化的基调。学校敢作敢为的开创精神成为学校发展的动力，周南梅溪湖中学一路高歌、一路绽放，无论是学业还是特长发展，建校十年来都取得了长足的进步和骄人成绩。周南梅溪湖中学能将“梅好”文化做出特色，保证师生的高质量发展，离不开开拓创新的大气和踏实奋进的敢为。

学校培养如梅般领先盛放的精英学子。学校拥有独具开创性的“名学生工作室”、科创教育、女子足球等特色教育和创新课程，努力为每一位学生提供适合成长、探索的资源和发展空间，不只重学业，更加注重个性发展、注重学生的健康成长，力求成就每一个学生的多彩未来。

（五）“一训三风”

“一训”指校训，它是学校在办学实践中形成的，对全校师生具有规范、警策和导向作用。“三风”指校风、教风和学风，校风是学校风气的总称，包括师生在工作、学习、生活中养成的风气，以及在学校发展历程中所积淀的优良文化氛围。周南梅溪湖中学以“梅文化”为主线，设计了独具一格的“一训三风”。

1. 校训：勤朴、诚善、谦雅、弘毅

周南梅溪湖中学的校训以“梅文化”为中心，充分挖掘“梅”之内涵，提炼“梅”之品质，发扬“梅”之精神，以“梅”为训。

勤朴——“励志在勤，守心在朴”。勤，本义为短期内格外用力，“三九严寒何所惧，墙角凌寒独自开”，梅花蓄势待发，唯凌寒而独放，是为“勤”。“勤”字另有勤奋、做事尽力之解。勤奋是一个历练的过程，这个过程必定充满艰辛，所谓“梅花香自苦寒来”，没有一个克勤克俭默默积累的过程，又哪会有清香与绽放呢？邵雍云：“一日之计在于晨，一岁之计在于春，一生之计在于勤。”勤是学生为人处世应有的品性。朴，意为朴实、质朴。梅花，没有玫瑰的鲜艳，没有牡丹的华丽，朴实无华，但却存一身浩然正气在冬季悄悄开放。正如冯子振《西湖梅》中的“任他桃李争欢赏，不为繁华易素心”，梅花高洁淡泊，不追名逐利。学校也希望学生能保持着一颗朴实无华的心，于平凡中体现伟大。

诚善——“处世惟诚，待人惟善”。诚善，即诚实善良。《后汉书・冯衍传下》：“伤诚善之无辜兮，赍此恨而入冥。”李贤注：“子既早夭，未有邪僻，故云诚善。”诚善之人，可成大器！每个人都要有最美的品质——诚善！“诚”字是一个形声字；从言，从成，意谓对待人们要诚实讲信用。《礼记・中庸》就说：“诚者天之道也，诚之者人之道也。”认为“诚”是天的根本属性，努力求诚以达到合乎诚的境界则是为人之道。“诚”亦有真诚、真实之意。“善”字是一个会意字，从誩从羊，本义“吉祥”，有美好、善良、慈善、慎重、高明、友好等义项。善具有深刻的伦理学、哲学和佛学内涵，中国传统伦理有丰富的劝善内容，如《太上感应篇》等。再如“善，德之建也”（《国语・晋语》），以及“择其善者而从之，其不善者而改之”（《论语・述而》）。诚善，寓意着教师对学生以真诚相待、以善意滋润，循循善诱，让学生心悦诚服；学生待人以诚，示人以善，在学

习生活中永远保持一颗诚善的心。

谦雅——“求学宜谦，立品宜雅”。谦——谦虚，谦逊。王冕《墨梅》中有“不要人夸好颜色，只留清气满乾坤”，毛泽东《卜算子・咏梅》中有“俏也不争春，只把春来报”。梅花，是极其平凡的，却蕴藏着可贵的品质。梅花清香四溢却默默无闻，不争名逐利，不争奇斗艳，朴实无华，有一种谦和、内敛的坚守品质，是为“谦”。“满招损，谦受益。”教师与学生都要谦以待人，虚以接物。雅——《毛诗序》云：“雅者，正也。”林逋诗句“疏影横斜水清浅，暗香浮动月黄昏”，写梅之清丽脱俗；陆游诗句“高标逸韵君知否，正是层冰积雪时”，写梅之高雅出自冰雪寒天。高雅，既指梅花清新脱俗的气质，又指梅花不卑不亢的风度。学校以“雅”为训，是希望学生学习梅花的风度，拥有文雅的谈吐、优雅的举止、典雅的气质，在中学时代奠基富有雅韵的人生。

弘毅——“大志当弘，细行当毅”。《论语・泰伯》云：“士不可以不弘毅，任重而道远。”朱熹集注：“弘，宽广也；毅，强忍也。非弘不能胜其重，非毅无以致其远。”弘毅也是梅花最具感染力的高尚品格，蕴含着梅花傲雪斗霜、不畏严寒、不怕困难、凌寒怒放的精神，是奋勇当先、不屈不挠的人生体现。学校以此为训是为了勉励师生树立自己的理想，并以坚韧不拔的态度为之奋斗拼搏。

勤朴、诚善、谦雅、弘毅，这些梅所蕴含的精神品质，是周梅学子的人生底色，它们早已深入每一位师生的内心，成为其一生无法舍弃的优秀品质。这些是学校文化的重要力量。勤朴与弘毅，着眼师生发展的个体性，踏实努力和有宏大的志向，奋发有为，做最好的自己；诚善与谦雅，着眼师生发展的社会性，待人诚善而谦雅，有礼有德，是实现和谐发展的重要品质。只有实现个体发展的内外统一，凭借优秀的品质处理好人与自我、他人、社会、世界的和谐关系，才能真正实现个人价值与社会价值的统一，才能追求“美好”的卓越人生。

2. 校风：与梅为伴，以梅为师

与梅为伴，以梅为师，精神会不断得到滋养，行为会始终受到规正。梅文化贯穿校风，既有显性的梅花、“梅”楼、“梅”路等相伴，又有梅的精神在无形中指引着师生的思与行。校风就是要让梅的优秀品质内化到每一位师生的心田，让梅成为学校的“精神图腾”，成为师生的信仰和学习对象，“梅”式做人、“梅”式做事。

3. 教风：以身许教，梅以载道

如果以梅喻师，那么冬梅矢志不渝地投身“报春”，成就百花争春的奉献精神，就是教师最生动的写照，梅也就承载着为人师的师道尊严和职业精神。教育工作者的投入，是全身心投入。教师要处理与领导、学生、家长、同事等之间的各种关系，这一点与梅凌寒独放的状态略有不同。但为师之道，就是要有如梅般的坚毅，持之以恒地对教育教学投入时间与精力，同时积极探究与优化教育教学方法。新时代教师要逐渐转变为促进者、帮助者，是同学生平等对话的主体。教师保持谦虚学习的态度，也能帮助教师放下“架子”，去研究、去发现，获得更多真理，发现学生更多的亮点，互相欣赏、相互成就。

4. 学风：迎难而上，自信从容

几乎没有学习者认为学习是轻而易举的事，就像几乎没有生物能够轻松地度过漫漫寒冬。但如果坚持下来了，谁又不愿享受明媚的春光呢？迎难而上的心态，自信从容的姿态，真正有效且可持续的学习，让学生自信从容地应对更多问题，不断提升自己的思维力、创造力。学习讲究方法和思维能力的训练，利用构建思维导图、逻辑框架，提高学习效率和认知能力，切忌机械学习、打“时间牌”，要让学习因方法变得有趣，不致在学生离开学校后就迫不及待地将学习习惯丢到一边。基于学习能力和认知能力的琢磨与研究，基于自信心态与行动能力的塑造，学生成长的过程必定是自信从容的。

二、实践力体系梅文化

（一）管理文化：梅魂引领，以人为本

文化立校、强校的理念，用独具特色而富有教育内涵的“梅文化”凝心聚力，成为全体师生的精神引领和做事原则，必定要坚持下去。管理经营是一个长期的、需要耐心的、精细的过程。尊重人的主体地位，坚持以人为本的发展观念，就像潺潺溪流润泽校园，让文化、制度、准则通过引导与规范流进每位师生的心田。首先，重构管理机构，提高管理效能。为适应教育改革，提高学校管理效能，同时也为了将“梅好”教育理念全方位渗透到教育教学中，学校整

合现有资源，按照精简、效率、平衡、整体原则进行科学合理设置，不断优化管理机构，最终形成了由“一办四中心”五个职能部门组成的学校管理构架。“一办四中心”即办公室、教师发展中心、学生成长中心、保障服务中心、督导评价中心。五个职能部门分工合理，责任明确，取得了四个方面的工作成效，即资源整合共享优化，工作效率大幅提高，科技创新大力发展，办学特色充分展现。其次，建构评价体系，发挥引领功能。一是教师的评价。自2016年开始，周南梅溪湖中学建立并不断完善教师绩效考核评价体系。每学期从现实表现(师德师风)、教育能力及实绩、教学能力及实绩、教研能力及实绩四个维度对全体教师进行考核评价。学校涉及教师评优评先、评职称晋级等需要排序选拔的相关工作，都以每学期的绩效考核结果作为最主要的依据，从而强化了对教师努力方向和工作作风建设的引领。二是班级的评价。建校开始，周南梅溪湖中学就建立并不断完善从班级常规、学习成绩、活动开展、德育教育四个维度评选文明班级的制度。每个维度对应不同学段特点的具体项目。学生成长中心负责对文明班级评分进行动态公布和阶段总结。这一评价办法，实际上成为引领班级建设、学生管理、班主任队伍建设的重要而有力的工作抓手。三是学生的评价。为全面落实综合素质评价工作，学校在市级统一指标的基础上进一步细化了行为习惯和道德品质等评价维度的观测点，结合“梅文化”理念元素建立了学生表彰体系，创建了多个“名学生工作室”等新型学生活动平台。凭借综合素质评价工作力度，这些措施在优化学生管理、促进学生全面发展方面发挥了重要作用。

(二)课程文化：梅开五彩，全面育人

基于学校的办学理念和课程目标，周南梅溪湖中学构建“梅开五彩”课程体系。根据湖南“湖湘文化”和学校“梅好”文化的完美融合，以及21世纪核心素养及新高考改革的价值引领，学校营造兼容并蓄、雅致多元的环境氛围，搭建促进学生自主发展又兼备社会宜人性的课程体系，提出“梅开五彩”课程体系，培养品德高尚、博闻多识、审美高雅、身强神健、锐意创新的君子少年。

“梅开五彩”课程体系根据“梅好”文化的价值引领，以红梅、绿梅、墨梅、青梅、白梅代表五种需要学生具备的能力品质，进而将梅之五彩匹配相应的课程体系，使学生在“梅开五彩”课程体系中实现道德修养、人文品质、艺术气度、身心状态、科技素养的全面提升。具体而言，红梅课程对应道德修养课程

群，旨在使学生养成高尚的道德品质。绿梅课程对应人文品质课程群，旨在提升学生的人文底蕴。墨梅课程对应艺术气度课程群，旨在培养学生的艺术气质。青梅课程对应身心成长课程群，旨在培养学生拥有健康的身心状态。白梅课程对应科技素养课程群，旨在培养学生的创新思维。

（三）课堂文化：梅趣横生，师生共长

为打造有目标、有实效、有温度、有深度、有评价、有反思的“梅好”课堂，学校建立了完备系统的课堂文化架构，将课堂文化模式确定如下：一个“中心”（为每一位学生的个性发展而设计），“两主”理念（学生主体、教师主导），备课“三问”（预期结果是什么、评估证据有哪些、如何设计学习体验和教学），“四有”课堂（有目标、有氛围、有生活、有实效），“五维”评课（教学目标、自主学习、有效问题、落实提升、关注差异），“六 E”原则[期望（expectation）、投入（engagement）、探究（exploration）、延伸（extension）、环境（environment）、评价（evaluation）]，观课议课“七诀”（主题、观察、陈述、提问、理解、反思、创新）。

1.“梅好”课堂是有目标、有思想的

主张课堂是以学生学习为中心，以解决问题为载体，注重学生学习能力和创新思维的培养。要重视设疑、启疑，为学生创设问题生成的课堂，提供生成和表达新问题和新观念的机会，给学生提供思维碰撞的空间。只有把握教与学的关系，智慧育人、智慧学习，注重思维框架的建构，才能让师生得到真实的发展。

2.“梅好”课堂是有温度、有深度的

以激发师生的教学学习热情为要，倡导教师多思考、多设计，让课堂充满生趣，让学生的知识结构思维和学习能力提升，增智而通慧，通达且有才。激发学生的自主学习热情，激励教师自我成就，师生共同创设宽松适宜的教学环境、育人环境，共同成就。

3.“梅好”课堂是有生活、有实效的

课堂要基于研究和解决实际生活中的困惑与困难，要让学生的学习真实地

发生。只有让学生产生真实感，理解知识学习与生活的关系，才能明白“学习即生活”的道理。同时，强调课堂的深度参与与思考，促进师生反思与感悟，科学设计评课议课的维度，走向有实效的课堂，实现教学评一体化。

(四)教师文化：梅香馥郁，敬业乐业

教师如梅般芳香，才能感染他人、成就自己。教师要保持“芳香”，就要不断思考育人方式的变革，不断学习教育理论知识，不断践行创新教育实践。新时代教师不再只是一个课程知识的被动传递者，而是一个主动的调试者、研究者和创造者；教师不再只是一个真理的宣传者，而是一个真理的追求者、探索者。因此，要以积极能动的教师形象取代消极被动的教师形象。

教师讲求润人有方，要求教师以学生为主体，尊重学生的思想观点和发展愿望，润物无声、春风化雨，对待学生要善于赏识，乐观其成。教师有成人之美，也有成人之法。教师应从学生的视角看待学生，顺应个体发展的心理进行教育。通过研究努力发现和理解世界在青春期孩子眼中的意义，理解学生是如何积极主动构建自己的生活和精神世界，从而为每位学生的健康成长作出贡献。

同时，不断获取新的知识和能力是保持教师”芳香“的”养料“，教师要保持学习的姿态，精进贵学。教师成长是一个各方面不断精进的过程，也是学校变革、实现创新发展的最大力量。关于教师智慧的体现和评断，其教育理论知识学习、教学方法的灵活应用与开发、教育工具的使用与创新是教师能力的重要评价指标；教师的眼界、格局大小，是否有对自身成长的规划，个人价值目标的实现与否，是教师能力的高低在思想维度上的体现，是教师是否从“知识型”教师提升到“智慧型”教师的体现。

周南梅溪湖中学的教师就一直前行在学习的道路上，校内外的研究性学习、师徒结对、青蓝工程学习等，让教师在学习中不断焕发新的生机，每天都有新的认知和提升。学习的感觉和态度让教师铭记初心，怀爱人之心和教学之能，守正出新，芳香如故。

(五)学生文化：梅秀多姿，笃学善思

个性化的教育从来都不是”补短板“，而是正向强化、长善救失。只有让学生产生获得感和成就感，才能真正激发他们学习的兴趣，从而辐射到其他方面

的学习乃至生活中，让学生养成自信自主的可贵品质。周南梅溪湖中学鼓励创先发展，让每一位学生有榜样引领；着眼长板优势，让每一位学生发展个性，为学生成立工作室，树立榜样，鼓励学生多元发展；打造“四季六节”学生活动体系，实现五育并举高品质教育；打造学生心理健康教育模式，“五心”（构建“心”网络、打造“心”队伍、开发“心”平台、探索“心”课程、创新“心”体验）心育成典范。“多姿”，一方面是让每一位学生都能全面地发展，另一方面是让每位学生都有自己的发展姿态，力求全面、个性、健康成长。

在学生的“社会学”中，除了教师和家长，同伴、同学的激励作用和支持作用也是不容忽视的。追求卓越让每个学子都有向上的动力，引领时代让学生有榜样有能量，感受进步，体味成长。榜样的力量是无穷的，引领的作用是巨大的。好学校不仅要有名校长、名教师，而且还需要大量的“名学生”。教师的引导和帮助是学生的发展路径，但学校发现，学生对学生的感染和激励作用也意义重大。“文加质观鸟护鸟工作室”“温馨科技创新工作室”等学生工作室，吸引相同志趣的学生参与、合作，鼓励学生表达、实践自己的兴趣特长，实现自主个性发展。成立学生工作室的“创举”，也体现了学校个性育人、尊重学生的理念。在这样的校园氛围中，学生主动寻求、大胆实践的素养也逐渐养成，有助于学生成为积极向上、怀揣梦想、敢作敢为敢创新的未来人才。

（六）环境文化：梅好家园，梅润心田

环境育人，浸润无声。学校认为，环境不仅仅是一个学习的场所，更是一种教育的力量。学校通过精心打造“梅好”的育人环境，以梅花之香、梅花之形、梅花之品浸润着学生的心田。

1. 丰盈“物境”，以“梅”立人

周南梅溪湖中学在建校之初，就移栽 367 株梅花。每到寒冬，周梅学子徜徉于花海之中，欣赏梅花愈冷愈艳的风姿，品味梅花坚贞、沉着、不屈的傲骨与品格。学校楼宇命名源自梅文化，例如三栋教学楼分别命名为听梅楼、赏梅楼、品梅楼，男女学生宿舍分别命名为梅兰阁、松竹居；学校石景也以梅命名，如梅落幽径、暗香疏影、踏雪寻梅等。

校园中时时有梅的身影，处处有梅的印记。学校借梅花营造出“梅好”育人的物态环境，让学生在潜移默化中受到教育，树立起如梅花般高远的志向。

2. 丰富“文境”，以“梅”育人

学校的物质环境只是学校环境的显性表现，对学生产生更深远、更重大影响的是学校的精神文化环境。从建校的那一刻起，周南梅溪湖中学就将“梅文化”作为校园文化，在教育教学活动中，努力挖掘和延伸“梅文化”的内涵。如学校校歌《梅花开时》“江山文章诗卷里，青葱年华当珍惜，不与百花争芳华，中流把水击”，勉励学子们要有梅花“不与百花争芳华”的内在风骨和远大情怀。整首歌寓意周南梅溪湖中学的莘莘学子要学习梅花的风骨和气节，做一个内外兼修之人，追求卓越，收获美好。

三、形象力体系梅文化

（一）校徽、校标

校徽上处于核心位置的梅花图案象征学校以“梅文化”为灵魂开展的校园文化建设，且“梅开五瓣”寓意成功、幸福、健康、顺利、和谐(图 1–12)。处于中心位置、承载“周南”二字的钟形图案象征警醒世人，居安思危，自省自修，警钟长鸣。象征大海的蓝色圆环包围着梅花，波涛状的五片花瓣围绕着“周南”二字，表明其既传承着周南精神，又是周南、长郡、麓山国际等多所名校力推而成，生动地体现了周南梅溪湖中学“多推一”的办学模式。

图 1–12　长沙市周南梅溪湖中学校标、校徽

（二）校花

周南梅溪湖中学建校之初，学校就移植 367 株梅花(图 1–13)，奠定了学校的文化基调。梅花独有的绰约风姿与傲岸风骨，编织着一首首关于美丽与坚韧

的诗篇。这不仅仅是一片梅林的聚集，更是自然与人文交织的梦幻之地。每一株梅花都仿佛是大自然精心雕琢的艺术品，静静诉说着冬日的静美与春的希望。梅树的铁虬银枝在校园里随处可见。红梅如火，热情奔放，燃烧着冬日的寒意；白梅似雪，纯洁无瑕，映衬着校园的宁静与雅致；绿梅与墨梅，则如同水墨画中的点睛之笔，为这方天地增添了几分古朴与深邃。春寒料峭之时，这些梅花竞相绽放，不畏严寒，傲然挺立于枝头，用绚烂的花朵和馥郁的芬芳，向周梅人展示着生命的顽强与美好。漫步于校园的小径上，仿佛置身于一幅流动的画卷之中，每一步都踏着诗与远方的节奏，每一次呼吸都充满了梅花的香气，让人心旷神怡，忘却尘嚣。周南梅溪湖中学以“梅文化”为魂，并将这份文化精髓融入校园的每一个角落。教学楼以“听梅”“赏梅”“品梅”为名，耳听、目赏、心品是一个“聪”字，寓意着以聪慧的内心感受生活中的美好与真谛。每年的梅花节，更是成了师生共同的盛宴，大家以诗会友，以画寄情，共同歌颂梅花的高洁与坚韧，让这份文化精神在每个人心中生根发芽。梅花是周南梅溪湖中学的校花，学校不仅将梅花视作一种美丽的植物，更是将其视为一种坚韧高洁的精神象征，一种美好的文化传承。梅花用自己的方式，讲述着关于美好、关于梦想、关于奋斗的故事，激励着每一位周梅人勇往直前，追求卓越。

图 1-13　长沙市周南梅溪湖中学梅花

（三）校歌《梅花开时》

长沙市周南梅溪湖中学的校歌《梅花开时》，是一首偏流行音乐的校园歌曲，整首歌曲文辞优美，充满诗情画意。它由中国音乐家协会会员、青年词作家李小军作词，中国音乐家协会会员、青年曲作家郑铮铮作曲，由国风音乐圈内享有盛名的女歌手小时姑娘演唱。

主歌第一段，“梅花捎来春消息，出湘入湖青云起，一脉濂溪麓山下，清香谁不识”，叙说梅溪湖中学在 2014 年 9 月正式开学是“春天的消息”，从建校的那一刻起，学校就描绘了美好的蓝图；学生从入校的那一天起，就立下了高远的志向。同时，周南梅溪湖中学坐落在岳麓山下，传道、授业、解惑，传承中华文明和湖湘文化，经过十年的建设和发展，走出了长沙、走出了湖南，声名远播。“江山文章诗卷里，青葱年华当珍惜，不与百花争芳华，中流把水击”，勉励学子们要有人生的理想和清晰的人生目标，珍惜时光，发奋学习，努力成为国家和社会的栋梁。

副歌部分，作者把“勤朴、诚善、谦雅、弘毅”的校训和“博学”“笃行”两栋教学楼的名字嵌入歌词，阐述了学校的办学思路和教学理念，寓意周南梅溪湖中学和莘莘学子学习梅花的风骨和气节，待到梅花开时，用满园的春华秋实、累累硕果来回报社会、回报祖国。

学校“梅文化”做得扎实、做得精彩，基础打得好，形成了周南梅溪湖中学的精气神。面对未来的学校教育形势，学校在深入诠释“梅文化”的精神内涵，将其与育人理念更加紧密地融合，力求梅文化与周梅教育全新突破的同时，也更关注育人理念和育人方式的创新与转变。

在周梅十周年的发展节点上，学校坚持文化引领不动摇，以更加明晰、更加丰富、更适应当下教育发展形势的特色文化来更新与完善学校文化体系，焕发学校生机，进一步凝师生之力，创新“梅文化”，在过去的实践和成绩的基础上，点明周南梅溪湖中学教育未来追求的方向和学校的气质，形成有独特风格的品牌强校。

第二章

环境文化

——物化于形，营造文化育人的浸润环境

经过十年，在时光的精心雕琢下，周南梅溪湖中学已成为环境优美、设施完善、底蕴十足的教育殿堂。校园内，自然与人文交织，绿意盎然的草坪上镶嵌着如诗如画的庭院，参天古木下鸟语花香，湖光山色间书声琅琅。每一处景观都经过精心设计，既展现了大自然的恩赐，又彰显了对人文精神的追求。学校的文化底蕴如同岁月沉淀的酒，愈加醇厚，无声地传承着知识与智慧，激励着莘莘学子追求卓越。

第一节　环境文化的内涵与特征

一、环境文化的内涵

环境文化是指在一定的地理空间内，通过人与自然、人与社会的互动而形成的特定文化形态和文化氛围。它包括以下几个方面的内容。

（一）物质环境文化

物质环境文化指学校内外的建筑物、校园布局、设施设备及绿化美化等硬件的总和，是环境文化的物质基础。

（二）精神环境文化

精神环境文化涵盖了学校的传统精神、办学理念、校风学风等抽象的文化元素，反映了学校的精神面貌和价值追求。

（三）制度环境文化

制度环境文化包括学校制定的各项管理制度、行为准则等，是规范师生行为、维护教学秩序的保障。

（四）社会环境文化

社会环境文化涉及学校与家庭、社区等外部社会的互动关系，体现了学校在社会环境中的开放性和互动性。

本章主要围绕周南梅溪湖中学的物质环境文化进行探讨和解读。

二、环境文化的特征

当今时代，环境因素对于人的发展具有重要影响，特别是在教育领域内，环境文化已成为一个不可忽视的关键要素，对于提升教育质量、促进学生全面发展具有深远影响，在教育中也能起到不可忽视的作用。

周南梅溪湖中学的校园环境注重传承性与延续性、生态性与人文性、展示性与标志性的结合，既满足了教育教学的基本需求，又体现了现代教育的审美趋势。

（一）传承性与延续性

环境文化作为一所学校精神面貌和教育理念的重要体现，对于学生的健康成长和个性发展具有深远的影响。周南梅溪湖中学正是以其独特的环境文化的传承性与延续性，成为教育界的一面旗帜，引领着学生走向更加广阔的未来。

校园环境的传承性主要体现在对传统文化的尊重和继承上。周南梅溪湖中学将中华优秀传统文化融入校园的每一个角落。校园内种植的每一种植物、每一座建筑的设计风格甚至每一条小道的布局，都承载着传统文化的元素。学校的园林景观中，不仅能够看到古典园林的影子，更能够体会到诗文中描述的意境。这种对传统文化的尊重和融合，使得学生在日常的学习生活中无时无刻不在接受着传统文化的熏陶，形成对传统和历史的敬意。

校园环境的延续性则体现在学校对创新精神和未来发展的持续追求上。周南梅溪湖中学并不满足于现状，而是持续地探索和实践新的教育理念。在校园的设计上，可以看到现代化设施与绿色生态完美结合，如智能化教室、节能减排设备等，都是学校追求可持续发展的体现。这些现代元素的加入，不仅提升了学校的教育教学质量，也为学生提供了一个与时俱进的学习环境。

学校还特别注重环境文化向精神层面的延伸。学校通过举办各种文化活动，如学术讲座、艺术节、科技竞赛等，鼓励学生在实践中发现自我、挖掘潜能。这些活动不仅丰富了学生的校园生活，也使他们能够在参与中感受到团队合作的力量，以及分享和交流的重要性。同时，校训“勤朴、诚善、谦雅、弘毅”、校歌《梅花开时》、校徽等符号是学校文化的精髓，是学校精神的象征。它们通过一代又一代学子的传承和发扬，成为学校文化的独特标识，激励着学生不断追求卓越、奋发向前。

周南梅溪湖中学环境文化的传承性与延续性所营造的是一个包容性强、充满活力、鼓励创新的教育氛围。这不仅有助于学生知识上的积累和个性上的塑造，更有助于他们形成正确的世界观、人生观和价值观。学校环境文化的这些特性，最终使周南梅溪湖中学成为一个培育社会栋梁的摇篮，为社会培养出一批又一批有能力、有担当的年轻人。

（二）生态性与人文性

在当代教育追求全面发展的背景下，周南梅溪湖中学作为一所典型的现代化学校，其校园环境文化所展现的生态性和人文性尤为引人注目。通过巧妙地将自然元素融入校园设计，以及强调人本教育理念的落实，这所学校成为学生身心发展的理想场所。

校园环境的生态性体现在周南梅溪湖中学对自然环境的深度整合和持续关怀上。从进入校园的那一刻起，参天的树木、蜿蜒的小径、澄澈的湖水及四季变换的花草，都让人感受到大自然的息息相通。这种生态友好型的校园布局不仅为学生提供了一片绿色的学习和休闲空间，也在无声中培养了他们对自然环境的敬畏和爱护之情。

校园内的一些特别设计，如雨水收集系统、太阳能路灯等，更是体现了学校对可持续发展理念的实践。这些环保设施不仅减少了校园对传统能源的依赖，还为学生亲身参与环保活动提供了平台，让他们在实际操作中感受到节能减排和环境生态保护的重要性。

校园环境的人文性则贯穿于周南梅溪湖中学的教育理念和校园文化的每一个细节。学校倡导以人为本的教育，强调每位学生的个性化发展和自我实现；课程设置上注重学科间的融合与交叉，鼓励学生在学习传统学科的同时，开展创新实践和艺术探索。在这种教育模式下，学生不仅能够积累知识，还能学会如何运用知识解决现实问题，培养了他们的批判性思维和社会责任感。

校园中的人文气息同样浓厚。雕塑（图 2-1）、壁画以及各类艺术作品的展示不仅美化了环境，也增强了学生对艺术和文化的兴趣和认知。图书馆内的阅读角落、教室内外的休息区域，都成了学生思考、交流的温馨之地。这些设计不仅满足了学生身心发展的需求，也为师生间的互动提供了自然而舒适的环境。

图 2-1　周南梅溪湖中学校园雕像皎皎白驹

周南梅溪湖中学的环境文化以其生态性和人文性的完美结合，为学生营造了一个理想的教育和成长环境。在这里，每一位学生都能够在生态和谐的环境中享受自然的恩赐，在人文关怀的氛围里收获知识与智慧。学校的这些努力不仅为学生打造了一个宜学宜乐的空间，更培养了面向未来、兼具绿色环保意识和人文社会责任感的全面发展人才。

（三）展示性与标志性

校园环境的展示性和标志性，是指校园环境作为一种文化符号，能够展示学校的独特魅力和文化内涵，同时对外界起到标示和引导的作用。这种展示性和标志性不仅增强了学校的知名度和影响力，也为学校的品牌建设和发展提供了有力支持。周南梅溪湖中学自创校以来，其环境文化的展示性和标志性在教育领域内外享有盛名。学校不仅在校园环境的建设上呈现出独特的风格，还在文化传承与创新中展示了其深厚的底蕴和对未来的洞察力。

校园环境的展示性方面，周南梅溪湖中学无疑将其自然环境的优势发挥到了极致。校园内错落有致的建筑群与周围的绿色植被和谐相融，既具有现代感又充满自然气息。教学楼之间的连廊设计既方便了师生在课间的移动，也成为别具一格的景观。风雨连廊的设计兼顾了实用性与审美性，即便是在恶劣天气下，学生也能在这里自由活动，体现了学校对学生健康与成长的重视。

校园中心的图书馆设计更是将环境文化的展示性演绎得淋漓尽致。图书馆内不仅藏书丰富，且阅读空间设计合理，既有开放的阅览区，也有相对封闭的研究小隔间，满足了不同学生的需求。此外，图书馆内的多媒体中心和电子阅览室等设施，展示了学校对于科技与传统文化融合的追求。

校园环境的标志性方面，周南梅溪湖中学同样有着鲜明的特色。校园的标志性建筑——钟楼，不仅是时间的记录者，也是学校精神的象征。钟楼下方的广场是学校举行重大活动的核心区域，承载着学生的欢声笑语和集体记忆。每当重要节日或庆典，彩色的旗帜飘扬在钟楼周围，彰显了学校的活力与生机。

除了钟楼，学校的文化墙也是其校园环境标志性的重要体现。文化墙上镌刻着学校的校训、历史沿革及重要成就，每天穿行其间的师生无不受到这份独特文化的熏陶。墙壁上的浮雕和标语牌不仅带来视觉上的享受，更激励着学生不断追求卓越。

在环境的细节处理上，周南梅溪湖中学也展现了其作为教育殿堂的精致与用心。无论是教室内外的教育标语，还是走廊上的艺术作品展示，都充分体现了学校对知识与美学的共同重视。这些细节构成了学校环境文化的一部分，成为周南梅溪湖中学不可复制的符号。

当然，校园环境的展示性和标志性并不是固定不变的。周南梅溪湖中学正通过不断创新和发展，使校园环境文化始终充满活力。无论是新增的艺术装饰还是更新的教学设施，都在原有的基础上增添了现代气息，使传统文化与现代科技在这里和谐共生。

周南梅溪湖中学的环境文化展示了其作为一所现代化学校的独特魅力，而标志性的环境元素更是让人印象深刻。学校不断探索和实践，将环境文化打造成一种无声的教育力量，为学生提供了一个学习、生活与成长的优质环境。这样的环境文化不仅对外界展示了独特形象，还对每位在此学习的学生心灵产生了深刻影响，为他们走向成功之路打下了坚实的基础。

第二节　环境文化的载体与寓意

一、自然景观

踏入校园，首先映入眼帘的是绿意盎然的自然景观。它们如同大自然的调色板，用翠绿、深蓝、金黄等色彩点缀着校园的每一个角落。树木在季节的轮回中展现着生命的活力，无论是春天的嫩芽、夏天的浓荫、秋天的落叶还是冬天的枯枝，都是自然赋予的极美风景。小溪潺潺流过，水面上漂浮着几片轻盈的荷叶，偶尔有几只水鸟掠过水面，激起一圈圈涟漪，为校园增添了一份灵动与和谐。

（一）水景：鉴池

图 2-2 所示为周南梅溪湖中学鉴池。

图 2-2　周南梅溪湖中学鉴池

【出处】成语“白水鉴心”；“鉴，大盆也。从金监声。一曰鉴诸，可以取明水于月”(《说文解字》)。鉴，大型盛水器，初为陶质，也就是陶盆，春秋中期出现青铜鉴，春秋晚期和战国时期大为流行，西汉时仍有铸造。鉴的作用有三：一是盛水以为镜。二是盛冰，《周礼·天官·凌人》中载：“春始治鉴。”注中解释：“以盛冰，置食物于中，以御温气。”三是沐浴。

【释义】进入校门，映入眼前的是一方静止的水景，恰如一面倒映着天光云影的明镜。鉴有“镜子”“照”“审察”“可以作为警诫或引以为戒”等基本含义。三处用途中，一则盛水以为镜，唐太宗李世民有云“以铜为鉴，可正衣冠；以古为鉴，可知兴替；以人为鉴，可明得失”，告诫人们要注重对比与自省。二则盛冰，使人时刻保持一颗清醒的头脑，“不畏浮云遮望眼”，不被眼前一己私利蒙蔽双眼。三则沐浴，净耳，净身，净心，让学校成为浸润师生心灵之所在。另外，成语“白水鉴心”表示清澈的水能照见人的心，形容人心像明净的水一样纯洁。

【寓意】要求教师不断反思自己的教学得失；学生每天“三省其身”，在学习的同时，注重自己的内在修养。同时告诫师生在为人处世中时刻警醒自己要保持一颗清醒的头脑与一颗纯洁的心灵。

(二)道路

1. 至诚路(东面道路)(图 2-3)

图 2-3　至诚路——周南梅溪湖中学校内道路

【出处】《礼记·中庸》："唯天下至诚，为能经纶天下之大经，立天下之大本，知天地之化育。"《中庸集注》："至诚之道，非至圣不能知；至圣之德，非至诚不能为。"另有《管子·幼官》："用利至诚，则敌不校。"汉·袁康《越绝书·外传计倪》："愿君王公选于众，精炼左右，非君子至诚之士，无与居家。使邪僻之气，无渐以生……"

【释义】"至诚"是儒家宣扬的道德最高境界，非饱读经纶之书的圣人是达不到至诚境界的；"至诚"另有极其忠诚、真诚之意，真正的君子，具备了"至诚"的品质，那么就没有不能解决的困难了。梅花能在寒冷的早春开放，是对春的一片赤诚之心。梅花具备诚、毅、洁、雅的特征。正是对"真""善""美"的至诚追求，才成就了这可敬可叹的梅花。

【寓意】砥砺师生拥有一颗梅花那样的赤诚之心。教师要真诚对待自己的教学，学生要真诚对待自己的学习。再者，师生在道德上，要追求至诚的境界，用真挚诚恳的心意对待身边的人和事。

2. 至朴路(西面道路)(图 2-4)

图 2-4　至朴路——周南梅溪湖中学校内道路

【出处】汉·董仲舒《春秋繁露·王道》："民情至朴而不文。"明·何景明《六子诗·何编修瑭》："至朴敛华蔚，徽文陋雕绮。"更有元·宋褧《雪寒书事廿六韵》："太素靡污垢，至朴谢雕瑑。"

【释义】大道至朴，真理往往像白开水一样质朴、透明，愈是简单的东西，往往愈能打动人心。“天然去雕饰”，不管是风俗民情，还是文字文风，都追求一种至朴的境界。梅花纯洁清贵，历经艰辛，用一缕暗香证明了它不忘初心的品质。经过了春的绚烂、夏的热烈、秋的硕果，梅花的脚步不曾停留，在红装素裹的冬停驻，追求着最简单的颜色。

【寓意】希望师生都像梅花一样，不忘初心，追求至朴大道，至朴大爱。

3. 至善路(南面道路)(图 2–5)

图 2–5　至善路——周南梅溪湖中学校内道路

【出处】《大学》：“大学之道，在明明德，在亲民，在止于至善。”《大学集注》：“言明明德、新民，皆当至于至善之地而不迁，盖必其有以尽夫天理之极，而无一毫人欲之私也。”宋·王旭《止善堂》：“苟不知所止，定心终无由。所止非至善，此心犹可忧。”宋·金朋说《止斋吟》：“知止于至善，修身止和诚。五伦止此定，明德日新民。”

【释义】至善是道德所能达到的一种境界，只有至公至诚之人，才能达到至善的高度。大道为公，在心无所安、不知所措之时，反省自己是否以一颗无私之心对待自己的工作，是否以一颗善良之心对待身边的人事。梅花孤傲不羁，但在寒冷的冬天，只有它独绽笑颜，为天地送出一缕清香，这种大公无私、至纯至善的精神，可贵可爱！

【寓意】希望师生珍惜梅花这种至纯至善的可贵精神，保持一颗善良之心、公德之心，修身养性，以达到至善的境界。

（三）石景

1. 状元花开

状元花，梅花的别称，谓梅花为花中魁。宋·徐清叟《净明院和御制诗》："冲冻细寻梅信息，枝头喜见状元花。""状元花开"的寓意是希望学生在学习中拔得头筹，通过学习知识、社会实践而使人生开花结果。

2. 暗香疏影

林逋《山园小梅》："疏影横斜水清浅，暗香浮动月黄昏。"他将梅花写得超凡脱俗、俏丽可人，提升了梅的品格，丰实了作品的境界，读来口齿噙香，令人赞叹，而这句诗成功地描绘出梅花清幽香逸的风姿，更被誉为千古咏梅绝唱。疏影，本写梅姿，后因以指称梅花。范成大《古梅二首》（其一）："压倒嫩条千万蕊，只消疏影两三枝。"

3. 寒梅报春

梅花一般都是在冬天蕴育，早春绽放，而且绽放的时节还是春寒料峭，虽偶有雪落，但时令已经是初春了。因此，寒梅报春就是冬天已尽，春天来了的意思，这么说很有诗意。另外，毛泽东《卜算子·咏梅》中言："俏也不争春，只把春来报。待到山花烂漫时，她在丛中笑。"

4. 踏雪寻梅

张岱《夜航船》里记载，孟浩然情怀旷达，常冒雪骑驴寻梅，曰："吾诗思在灞桥风雪中驴背上。"形容文人雅士赏爱风景苦心作诗的情致。后有人送了孟浩然这样一首打油诗："数九寒天雪花飘，大雪纷飞似鹅毛。浩然不辞风霜苦，踏雪寻梅乐逍遥。"

5. 润梅无声(图 2-6)

图 2-6　润梅无声——周南梅溪湖中学校园石景

润梅无声化自杜甫《春夜喜雨》中的“随风潜入夜，润物细无声”。在新型教育理念的指导下，我们强调教育需要“润物细无声”。任何一种教育现象，孩子在其中越是感受不到教育者的意图，它的教育效果也就越好。成功的教育应让学生在不知不觉中获取真知，学会做人。

6. 梅落幽径(图 2-7)

图 2-7　梅落幽径——周南梅溪湖中学校园石景

“梅落”二字，借用了梅花飘落的意象，梅花以其高洁、坚韧的品格著称，其飘落的姿态更添一份柔美与宁静；“幽径”则强调了路径的幽静与深远，学生们所走的不仅是一条通往知识殿堂的小径，更是一条沉静内心的心路。

二、人文景观

漫步在校园中，随处可见的人文景观让人感受到浓厚的文化氛围。十年的岁月痕迹在这里沉淀，每一座建筑都承载着过去的记忆与现代的创新。

(一)教学楼(图 2-8)

用耳“听梅”，用眼“赏梅”，用心“品梅”，“听”“赏”“品”三字皆含口，耳眼心口即“聪”，于是学校对学生提出了要求和希望：在学习生活中，用耳“听”，用眼“赏”，用心“品”，如此才能聪慧过人。

图 2-8　周南梅溪湖中学教学楼

1. 听梅楼

【出处】明·高启有诗句“高堂细听落梅歌”，古汉乐府有《梅花落》曲，李白诗句“黄鹤楼中吹玉笛，江城五月落梅花”，高适诗句“借问梅花何处落，风吹一夜满关山”，鲍照《梅花落》：“中庭杂树多，偏为梅咨嗟。‘问君何独然？’‘念其霜中能作花，露中能作实，摇荡春风媚春日，念尔零落逐寒风，徒有霜华无霜质！’”

【释义】《梅花落》曲赞梅之傲雪凌霜。月下听梅，是听咏梅之曲，听梅开之声，听其一身傲然正气。南朝诗人鲍照的《梅花落》是一首讽喻诗，诗中，“中庭杂树”象征一般无节操的士大夫，而傲霜独放的梅花，则是那些位卑志高、孤直不屈之士的写照，作者通过对耐寒梅花的赞美，批判了趋炎附势之人的软弱、动摇。

【寓意】希望师生有如梅花之不畏严寒、傲雪凌霜、正气凛然的品性。听梅，需要人静心、专心，这也是学生学习需要达到的一个状态。

2. 赏梅楼

【出处】宋·李维有诗云“使梅和雪赏”，宋·叶绍翁有《赏梅》诗云：“梅花宜雪犹宜月，水畔山边更自奇。十四字传和靖后，又传君际五言诗。”诗中“和靖”指林和靖写梅名句“疏影横斜水清浅，暗香浮动月黄昏”。宋·黄庭坚有《次韵赏梅》诗云：“淡薄似能知我意，幽闲元不为人芳。”宋·陆游《梅花》诗云：“月地云阶暗断肠，知心谁解赏孤芳。”

【释义】落雪赏梅，自古便是风流雅事。梅之素洁、高雅、不屈是品格高尚之人内心的寄托和向往。叶绍翁《赏梅》诗写月下微雪、水畔山边赏梅，忆林和靖写梅雅句之事。而林和靖“疏影”句、“暗香”句写澈静水边梅之枝影疏落、暗香幽然之美，表现一种孤寂、淡泊、内敛之美。黄庭坚诗则赞美梅花不曲意逢迎、不阿谀谄媚的孤傲品质。陆游诗则借梅花抒发内心孤芳自赏、知音难觅的失落。落雪赏梅，需观者有耐住寂寞、独品苦寒之心，既赏梅花凌寒怒放之壮美，又赏梅树威武不屈之遒劲。

【寓意】砥砺师生坚守内心，须有富贵不淫、贫贱不移、威武不屈的坚定品质，于逆境中迎难而上。用“赏”而不用看，强调的是一种氛围。学校竭力为学生的学习营造浓厚的文化氛围。

3. 品梅楼

【出处】宋·李龙高有《品梅》一诗云：“疏花鼎立睨霜风，二季居然侍一翁。生愿素丝无点污，黑衣人自作三公。”宋人也有诗句“梅竹两品方清高”。

陆游《卜算子 · 咏梅》云:“零落成泥碾作尘,只有香如故。”更有诗句“高标逸韵君知否,正是层冰积雪时”“过时自合飘零去,耻向东君更乞怜”。

【释义】竹边品梅,则上升到一种内心的品味、对话,赋予其人的品性,梅花迎雪吐艳,凌寒飘香,高风亮节。陆游词写梅花即便零落成泥,也要保持幽香如故的素洁品质,所谓“质本洁来还洁去”即如此。其诗写梅花高远、超逸的品格由冰雪严寒成就,“梅花香自苦寒来”;一个“耻”更表现梅花宁愿骄傲地随风飘落,断不会低头屈服、摇尾乞怜的铮铮傲骨。品味梅花独特风骨,候其将开未开之貌,探其若有似无之香,品其清逸幽雅、玉骨神韵之魂。

【寓意】寄予师生应有梅之冰清玉洁、不与世俗同流合污的高洁气质。品梅是对听梅、赏梅的一种回味。学生在学习上需要回味、需要温故知新,在生活上也需要回味、需要品味人生。

(二)报告厅:博学报告厅(图 2-9)与笃行报告厅(图 2-10)

【出处】《礼记 · 儒行》:“儒有博学而不穷,笃行而不倦……”《礼记 · 中庸》:“博学之,审问之,慎思之,明辨之,笃行之。”另有清 · 戴名世《刘退庵先生稿序》:“淮上刘退菴先生,今之笃行君子也。”

【释义】“博学”是为学的第一阶段,意谓为学首先要广泛地猎取,培养充沛而旺盛的好奇心。“博”还意味着博大和宽容。唯有博大和宽容,才能兼容并包,使为学具有世界眼光和开放的胸襟,真正做到“海纳百川,有容乃大”。

图 2-9　周南梅溪湖中学博学报告厅

图 2-10　周南梅溪湖中学笃行报告厅

“笃行”，切实履行，坚定实行，是为学的最后阶段，就是既然学有所得，就要努力践履所学，使所学最终有所落实。中国文化事实上是一种“实践理性”，它不空开各种思想“药铺”，炫耀五花八门的思想、思潮，而是认准正确的，然后实行。“笃”有忠贞不渝、踏踏实实、一心一意、坚持不懈之意。只有有明确目标、意志坚定的人，才能真正做到“笃行”。“笃行”另有行为淳厚、纯正踏实之意。

“博学”是知，“笃行”是行，“博学”与“笃行”其实就是“知行合一”。

【寓意】勉励学生纯正踏实，品行端正，稳扎稳打，立志向学，在学习过程中知行合一，坚定不移。

(三)学生公寓

松、竹、梅、兰是“花中四君子”(梅、兰、竹、菊)与“岁寒三友”(松、竹、梅)的融合。

1. 松竹居(男生公寓)(图 2-11)

【出处】南朝梁元帝《与刘智藏书》：“山间芳杜，自有松竹之娱；岩穴鸣琴，非无薜萝之致。”另有晋·袁宏《三国名臣序赞》：“潜鱼择渊，高鸟候柯。赫赫三雄，并回乾轴。竞收杞梓，争采松竹”，吕向注：“松竹，贞坚也，并比于贤人也。”

【释义】松，坚毅挺伟，被誉为“百木之长”，且素有“劲松”“千年松”“不老松”之美称。松的风度既庄重又高雅，虽高耸入云，而无傲慢轻世之态。竹，节气坚正，其空心、挺直、四季青等生长特征赋予高雅、纯洁、虚心、有节、刚直等精神象征。松竹并用以喻节操坚贞的品性，亦喻节操坚贞的贤人。松竹较之梅兰更可集中体现男性的阳刚之气。

【寓意】启迪学生如松竹一般挺拔向上、坚韧不拔。在处于人生高潮时依然坚持着自己低调处世的情操，坚贞守节；在处于人生低谷阶段时不为挫折与困境所挫败。

图 2-11　松竹居——周南梅溪湖中学男生公寓

2. 梅兰阁(女生公寓)(图 2-12)

【出处】宋・王质《真珠帘・栽竹》中有“冬有寒梅闲相伴，春亦有、幽兰相逐。香足。才露下霜飞，又有秋菊。”

【释义】词人闲居隐逸，梅兰相伴，通过写景咏物来表现自己高洁的人格。梅，迎寒而开，傲雪凌霜，因其为白色更为人所偏爱，冰清玉洁与冰雪相和谐，有“冰花”“寒玉”“白雪”等比喻(“冰花个个团如玉”“姑射仙人冰雪肤”“一枝寒玉澹春晖”)。兰，风姿绰约，素雅内敛，古有“幽兰生前庭，含薰待清风”“生在幽谷，不以无人而不芳”“金声玉韵，蕙心兰质”。兰花被誉为“百花之

图 2-12　梅兰阁——周南梅溪湖中学女生公寓

英”“花中君子”，代表着气质美丽。

如此看来，梅兰的高洁、典雅、坚贞、美丽能更好地体现女性之美。

【寓意】激励学生自强不息、坚忍不拔，面对人生时富贵不移、宠辱不惊，不作媚世之态。

(四)食堂：知味堂(图 2-13)

图 2-13　知味堂——周南梅溪湖中学食堂

【出处】“食不知味”，形容心里有事，吃东西也不香，同“食不甘味”。出自唐·白居易《初授拾遗献书》：“臣所以授官已来，仅将十日，食不知味，寝不遑安，唯思粉身以答殊宠，但未获粉身之所耳。”“闻香下马，知味停车。”江苏宿迁市洋河镇以出产洋河大曲驰名。清初，有雅士途经洋河镇，留下一副溢美对联：“闻香下马，知味停车。”百年名店——杭州知味观素有“知味停车，闻香下马”的雅称，创建人孙翼斋当初在生意清淡的情况下，在门楣上贴上“欲知我味，观料便知”，迎来顾客的好奇，生意日渐兴隆。另有宋·姜特立《诗人有至乐》诗云：“诗人有至乐，俗士不知味。可以安贱贫，可以轻富贵。可以履忧患，可以散淹滞。”所谓“至乐”，是一种不同于生理感官的最高人生境界及审美境界。“知味”即指能够领悟到这样的精神境界。

【释义】本义为饭菜味道很好，吃饭吃得很香，延伸为品味出人生哲理，达到高层次的精神境界。

【寓意】一则希望学生在食堂里享用到可口的饭菜，二则希望学生在饭饱之余思索人生，联想到农民劳动的艰辛，劳动果实来之不易，应节约食物，杜绝浪费。

（五）办公楼：勤朴楼

一则，勤朴释义同校训中的“勤朴”；二则，“勤朴”谐音“勤仆”可解释为勤勤恳恳为人民服务的公仆。办公楼里学校领导与各部门人员为了学校的运作与发展勤恳、朴实地工作着。如此一来，发挥着“主心骨”作用的办公楼便能引导着以“梅文化”为灵魂的周南梅溪湖中学开花结果。

（六）科技馆：天工馆（图 2-14）

【出处】出自明朝科学家宋应星的《天工开物》。作者在书中强调人类要和自然相协调、人力要与自然力相配合。

【释义】天工，天然形成的工巧，与“人工”相对。《天工开物》为划时代的著名科学著作，“天工”亦有“巧夺天工”之意。而梅花“忽然一夜清香发，散作乾坤万里春”，非人力为之，浑然天成。

【寓意】要求学生不断进行科技创新，教师也要潜心教学、勇于进取。

图 2-14　天工馆——周南梅溪湖中学科技馆

(七)体育馆：天健馆(图 2-15)

图 2-15　天健馆——周南梅溪湖中学体育馆

【出处】《周易·乾》："天行健，君子以自强不息。"

【释义】天(自然)的运行刚强劲健，相应地，君子处世，也应像天一样，自我力求进步，刚毅坚卓，发奋图强，永不停息。"天道酬勤""生命在于运动"，学生不仅在精神上要树立自强不息的品格，身体上也应该天天锻炼自己的体魄。

【寓意】砥砺学子力求进步，刚毅坚卓，发奋图强，永不停息。

三、教育设施

在周南梅溪湖中学，特色教室是教育环境的一大亮点。这些特色教室不仅提供了传统教学活动的空间，而且为学生提供了实践、探索和创新的平台。在这里，我们不仅可以找到艺术室、科技室、音乐室等常见功能室，还有一些独具特色的教室，它们各自承载着学校教育理念的不同维度，为学生提供多元化的学习体验。

学校拥有千兆校园网、校园电视台、校园监控系统、多媒体教学系统、校园广播系统、多功能阶梯教室、多媒体直录播教室、计算机教室、科技活动室、电子阅览室、语音教室、理化生实验室、心理辅导室，学校还建有数字化地理教室、数字化历史教室、科技创新实验室、数字化数学实验室（含 3D 打印、机器人、纳米技术）、生物数码互动实验室等。

（一）校园电视台

作为学校的喉舌和信息发布平台，校园电视台不仅是发布学校新闻和重大活动的渠道，也是培养学生媒体素养和表达能力的重要场所。它配备有专业的摄像、编辑和播出设备，学生可以参与节目的策划、拍摄、剪辑和播出。这里既是新闻爱好者的天地，也是培养未来传媒人才的摇篮。

（二）校园监控系统

为了保障校园安全，周南梅溪湖中学安装了全面的监控系统。这一系统不仅保护学生的人身安全，也为学校管理提供了强有力的支持。通过监控中心的大屏幕，管理人员可以实时了解校园各个角落的情况，及时发现并处理突发事件。

（三）多媒体教学系统

周南梅溪湖中学的每一间教室内，都装备了先进的多媒体教学系统。这套系统包括电子白板、投影仪、音响设备等，使得教师可以在教学中运用丰富的多媒体材料，如视频、音频、动画等，极大地提高了教学的互动性和趣味性。

（四）多功能阶梯教室

作为大型讲座和学术报告的主要场所，多功能阶梯教室宽敞舒适，视野开阔。它配备了现代化的演讲台、投影仪和音响系统，可以容纳大量听众，适合进行学术交流、专题讲座和大型会议等活动。

（五）多媒体直录播教室

多媒体直录播教室能够进行现场教学的同步录制和直播，使学生能够远程参与课堂学习，或之后回看教学视频。这种技术的应用突破了教学的时空界限，为学生提供了灵活多样的学习方式。

（六）电子阅览室

信息技术的飞速发展使得数字阅读成为趋势。周南梅溪湖中学的电子阅览室为广大师生提供了便捷的数字阅读服务。内置的电子图书资源丰富，包括电子期刊、电子书籍、学术论文等，为学生提供了高效便捷的学习资源。

（七）数字化地理教室（图 2-16）与数字化历史教室（图 2-17）

图 2-16　周南梅溪湖中学数字化地理教室

图 2-17　周南梅溪湖中学数字化历史教室

数字化地理教室与数字化历史教室这两个特色教室通过数字化技术，使地理和历史的教学变得更加生动形象。通过虚拟实景、三维模拟等手段，学生可以直观地了解世界各地的地形地貌、历史事件和文化背景，使抽象的知识变得具体易懂。

（八）科技创新实验室

为了鼓励学生进行科学研究和技术创新，学校设立了设备齐全的科技创新实验室。从基础的实验器材到高端的科研设备，学生可以在这里开展各种科学实验和发明创造，培养科研能力和创新精神。

（九）数字化教学实验室

随着教育技术的不断进步，数字化教学已成为提高教学质量的重要手段。周南梅溪湖中学的数字化教学实验室为教师提供了一个实验和研究数字化教学方法的空间，极大地促进了教师专业成长和教学改革。

（十）生物数码互动实验室

生物学是探索生命现象和生命活动规律的科学，这门科学的相关知识往往需要直观展示才能更好地理解。生物数码互动实验室利用现代信息技术，如3D仿真、虚拟现实等手段，让学生能够直接观察到平常难以观察的生物现象，增强了学习的直观性和互动性。

（十一）机器人创新室

未来社会对科技人才的需求日益增长，机器人创新室正是为培养学生的科技创造力而设立的。学生在这里可以设计和制作机器人，通过编程控制其行为，这不仅锻炼了学生的动手能力，也激发了他们对机械和软件的兴趣。

……

可见，周南梅溪湖中学的特色教室建设充分体现了学校的教育理念和对未来人才培养的思考。通过提供多样化的学习环境，学校致力于激发学生的学习兴趣，培养他们的实践能力和创新精神。这些特色教室不仅丰富了学生的学习生活，也为他们提供了个性化发展的舞台。这些特色教室体现了学校培养全面发展、多技能融合人才的教育目标，同时也展现了周南梅溪湖中学教育的现代性、前瞻性和创新性。

物化于形，环境浸润，漫步于周南梅溪湖中学校园，师生能感受到美的熏陶、智的启迪和心的滋养，他们共同编织着丰富多彩的校园生活，创造着一个个灿烂的未来。

第三节　环境文化的影响

谈到一所学校的环境文化时，我们当然不仅仅是评价它的物质条件，更重要的是评价它所营造的精神氛围、价值观念以及它如何影响学生、教师和家长。周南梅溪湖中学作为一所致力于提供卓越教育的公办学校，其环境文化在学生层面、家长层面、教师层面和社会层面都产生了深远的影响。

一、学生成长

在教育的长河中，学校不仅是知识的殿堂，更是文化传承与人格塑造的重要场所。周南梅溪湖中学作为一所具有深厚文化底蕴和优良教育资源的学校，以其优美的校园环境、和谐的师生关系以及前瞻性的教育理念，构建了一个独特的学习和生活环境。

周南梅溪湖中学拥有现代化的教学设施和宽敞的运动场地，这些硬件资源为学生提供了丰富的学习和运动空间。学生在这样的环境中学习生活，内心自然充满了宁静与满足。同时，优质的物质条件也激发了学生对学习的热情和对知识的追求，使得他们更加愿意投入到学习中。

同时，教学设施的先进与完善是周南梅溪湖中学物质环境文化的重要体现。现代化的教室、实验室、图书馆等设施为学生提供了良好的学习环境，使他们能够充分利用各种资源进行学习。这些设施的完善不仅提高了学生的学习效率，也激发了他们对知识的渴望和探索。在这种环境下，学生们能够更好地掌握知识、培养能力，为未来的发展和成长奠定坚实的基础。

除了教学设施，周南梅溪湖中学还注重营造美观舒适的校园环境。校园内的绿化景观、休闲区域等都经过精心设计，为学生提供了一个愉悦的学习和生活环境。在这样的环境中，学生能够感受到自然的美好，从而更加珍惜和热爱生活。同时，这种美观舒适的环境也能够陶冶学生的情操，培养他们的审美意识和人文素养。

可见，周南梅溪湖中学的环境文化对学生产生了多层面的影响。从教学设施的先进与完善到校园环境的美观舒适，它们共同为学生创造了一个优质的学习和生活环境。在这样的环境中，学生不仅能够更好地掌握知识和技能，还能够培养出积极向上的人生态度和价值观，促进成长和发展。

二、教师发展

作为一所具有深厚文化底蕴和优越地理位置的学校，周南梅溪湖中学的环境文化对教师也有着多方面的影响。

一个舒适、安全、美丽的校园环境能够激发教师的工作热情，增强他们的归属感和自豪感。周南梅溪湖中学依山傍水，自然景观与校园建筑相得益彰，为教师提供了一个宁静和谐的工作氛围。这样的环境有助于教师在繁忙的教学和科研工作之余，找到放松身心的空间，从而更好地平衡工作与生活，提高工作满意度。

学校的教学设施和资源对教师的专业发展也至关重要。周南梅溪湖中学拥有一流的教学设施，包括现代化的教室、实验室、图书馆等，这些设施为教师提供了丰富的教学资源和研究平台。在这样的环境下，教师能够更加便捷地获取最新的教育理念和科研成果，促进自身的专业成长。同时，良好的教学条件也能够吸引更优秀的教师加入，形成良性循环，不断提升学校的教学水平。

此外，教师休息室、教研活动场所等空间，不仅是教师休息和交流的场所，也是他们进行教学研讨和团队建设的平台。在这样的环境中，教师之间能够相互学习、相互启发，共同探索更有效的教学方法和策略，从而提高整个教师团队的凝聚力和创新能力。

可见，周南梅溪湖中学的环境文化对教师的影响是全方位的，从提供舒适的工作环境到支持教师的专业发展、关注教师的生活质量，学校的环境文化默默地影响着教师的工作态度、教学质量和职业发展。

三、家校共融

在当代教育格局中，学校不仅是知识传递的场所，还是文化塑造的重要基地。周南梅溪湖中学作为一所具有深厚文化底蕴的学校，在物质环境建设上不遗余力，致力于营造一个优雅、和谐的学习氛围。这种独具特色的校园物质环境文化，不仅对学生产生了积极的影响，也深刻地触动了家长的心灵，对他们的观念和行为产生了显著的塑造作用。

学校注重校园绿化与美化，将学校打造成园林式的学府。行道树成荫、花坛错落有致、水景潺潺流动，这样的环境让家长在步入校园的那一刻就能感受到一种心灵的净化和放松。这种视觉上的美感，不仅缓解了家长因工作、生活压力累积的紧张情绪，也让他们认识到美好环境对孩子成长的重要性，从而更加支持学校的环境教育理念。

融合了传统与现代元素的校园建筑，既体现了历史的厚重感，又不失时尚的气息。家长在这样的环境中参与孩子的校园生活时，会自然地受到艺术氛围的熏陶，进而提升自己的审美情趣和文化素养。这种潜移默化的影响，促使家长们在日常生活中更加注重生活质量和文化品位的提升。

各类教学设施、活动设施的先进齐全，充分展现了学校对教育资源投入的重视。家长参观这些设施时，能够直观地感受到学校为学生提供优质教育的坚定决心。这种体验不仅增强了家长对学校的信任感，也让他们在家庭教育中更加重视对孩子综合素质的培养，愿意配合学校进行全方位教育。不仅如此，细节之处，比如教室的布置、墙面的装饰、石景、水景等，都彰显着学校对品质的追求。家长在这些细节中能够感受到学校对教育环境的用心经营，从而对学校工作更加尊重和支持。

周南梅溪湖中学的环境文化不仅提升了家长的审美和文化素养，也促进了家校之间的良性互动。更重要的是，它改变了家长的教育观念和生活方式，使他们成为学校教育理念的支持者和传播者。在这样的文化熏陶下，家长与学校共同为孩子营造了一个更加美好的成长环境。

四、社会认同

学校位于长沙市梅溪湖国际新城内，背倚岳麓山脉，东临桃花岭公园，南接梅溪湖 CBD 中心，北瞰梅溪湖。这样的地理位置使得学校拥有得天独厚的自然环境，同时也为学校环境文化的建设提供了丰富的资源。学校充分利用这些资源，通过种植梅花、建设“梅园”等方式，打造了一个具有独特魅力的校园环境。这种环境文化不仅让学生能够在优美的环境中学习成长，还让社会大众对人与自然和谐共生的理念有了更深刻的认识。

此外，周南梅溪湖中学的物质环境文化也彰显了现代教育的理念与追求。学校占地 118 亩，建筑面积 5 万多平方米，高标准的教学大楼、图书馆、办公大楼等建筑群错落有致，超宽风雨长廊连接其间，既体现了现代教育的开放性与包容性，又为学生提供了良好的学习空间。这种现代化的校园布局和建筑风格，无疑为周边社区乃至整个社会的教育理念注入了新的活力，推动了社会对现代教育理念的认同与追求。

学校所拥有的各种功能齐全的教学设施，不仅满足了日常教学的需求，更为学生提供了丰富的实践机会。在这样的环境下，学生的创新精神和实践能力得到了充分的培养，他们在各类竞赛中屡获佳绩。学校为社会输送了大批优秀人才，这些优秀人才的涌现，进一步提升了社会对周南梅溪湖中学的认可度和赞誉度，增强了学校的品牌影响力。

不仅是教学设施，周南梅溪湖中学的体育设施也十分完备，学校拥有球场、排球场、足球场以及 400 米标准跑道塑胶田径场等，为学生提供了充足的体育锻炼空间。在这样的环境下，学生的身体素质得到了有效的提升，他们的团队协作能力和竞技精神也得到了锻炼，周南梅溪湖中学女子足球队更是驰骋四方，斩获无数荣誉。这种积极向上的精神风貌不仅在学校内部得到了传承和发扬，更在社会层面产生了积极的影响，推动了社会体育文化的繁荣和发展。

可见，周南梅溪湖中学作为长沙市的一所现代化初高中完全中学，以其独特的环境文化在社会层面产生了深远的影响。这所学校不仅在教育领域取得了显著成就，更以其优美的校园环境、一流的教学设施、丰富的文化内涵，对社会精神文明建设产生了积极影响，提升了社会对教育品质的追求。可以说，周南梅溪湖中学的环境文化已经成为了一种社会现象和文化符号，为社会的和谐发展作出了积极贡献。

第三章

制度文化

——固化于制，提供文化育人的机制保障

学校制度文化是落实学校立德树人根本任务的文化规约和行为规范。学校制度文化育人不是随机的、自然的凝结或聚合，而是有着自身必然的、内在的吁求。在学校制度文化育人活动中，遵循方向性与现实性相契合、独特性与多样性相统一、制度规约与道德自觉相整合的内在机理，可确保学校制度文化育人沿着正确的轨道行进，切实肩负起为党育人、为国育才的使命，稳步提升人才培养的质量。

周南梅溪湖中学作为一所具有鲜明特色的学校，其制度文化在推动学校发展、提升教育质量方面发挥了重要作用。学校制度制定和执行过程中所形成的物化成果（文字表述）和精神成果（文化自觉）成为特色制度文化。本章将从学校制度文化的内在机理、建设策略和案例分析三个方面，对周南梅溪湖中学的制度文化进行深入探究。

第一节　学校制度文化的内在机理

一、契合时代精神，实现方向性与社会性的契合

周南梅溪湖中学在制度文化建设中，始终坚持社会主义方向，将其作为学校制度文化最基本的精神。学校既是制度化的产物，也是文化的聚集，亦是制度文化的存在。学校制度文化浸润于学校的机构架设、制度文本以及运作程序，是师生普遍认可并共同遵循的行为规则，展现了一所学校独有的精神理念及办学风格。它通常通过国家或政府机构的教育方针政策、法规、条令、守则以及学校的各种规章制度折射出来，是学校全体成员认同并遵守的文化精神、生活方式和行为准则的凝结。学校制度文化具有承载、传递并表达社会价值观与增强社会意识形态凝聚力的作用，反映着学校的整体精神面貌。我国是社会主义国家，社会主义方向性是我国学校制度文化最基本的精神。要在学校制度文化中始终坚持社会主义的办学方向，以社会主义作为引领学校制度文化育人的发展方向。学校通过制定符合社会主义核心价值观的规章制度，将社会主义精神融入日常教育教学中，使学生在潜移默化中接受社会主义核心价值观的熏陶，培养学生的社会责任感，引导学生树立国家意识，鼓励学生关注社会、服务社会，成为新时代的合格公民。

二、彰显独特个性，实现多样性与统一性的融合

周南梅溪湖中学在制度文化建设中，既注重独特性的体现，又追求多样性与统一性的融合。学校根据自身的办学性质、培养目标和招生对象等特点，制定了一系列具有鲜明特色的规章制度。这些规章制度不仅体现了学校的价值理念和办学风格，还在师生中形成了共同的文化认同和行为规范。同时，学校还

注重与其他学校的交流与合作，彼此交流校园文化建设的成功经验，结合自身的实际情况进行本土化转移，使制度文化更加丰富多彩、充满活力。学校制度文化是独特性和普遍性、个性化和普遍化的有机统一体。学校之间是存在差异的，学校办学性质、培养目标、招生对象等的不同，体现学校特有价值理念和办学风格的制度文化建设也不能千篇一律，这赋予学校制度文化鲜明的个性与独特性。学校制度文化是一所学校办学理念、办学经验的结晶和表征，于学校制度文化建设的有效性而言，任何移植的、借鉴的制度文化都是外来的，如果不结合实际情况进行本土化转移，这些被其他学校证实的、行之有效的制度文化则难以切实为己所用，只能停留在苍白的、静态的认知层面，无法转化为“活的制度文化”，自然也就无法转化为师生的价值认同与活动规范。学校内生的制度文化是激发师生奋进精神的驱动力，是凝练学校办学特色的根本，是一所学校持续向前的不竭动力。可以说，打造一种有力量、有特色、有气魄的制度文化，是实现学校跨越式发展的重要保障。当然，在实际运作过程中，每一所学校都在朝着这个方向不断努力探索。但学校制度文化的个性化并不意味着学校可以不受约束地随意创设迎合自身需求的文化范式。因为尽管学校是不同的，但学校教育本质是统一的、相同的。学校在各自的管理体系和人际交往上是不同的，需要求同存异，做到多样性与统一性的融合。

三、根植育人理念，实现实践性与理念性的整合

周南梅溪湖中学在制度文化建设中，注重制度实践与办学理念的整合。学校管理者通过诠释办学理念、完善学校制度、促进师生对学校制度文化的认同等方式，推动制度实践与办学理念的深度融合。同时，学校管理者在制度实践过程中所产生的感性体验，为制度创新积累了素材，丰富着学校的办学理念。学校还鼓励师生在实践中发现问题、提出建议、参与制度创新，形成活跃的制度实践氛围。这种互动式的制度实践模式按照“实践—审视—创新—再实践”的路径推动制度创新提质，使制度在实践中接受检验、历久弥新、常用常新（图 3-1）。学校制度文化是学校办学理念与制度实践有效互动的产物。制度是维护学校正常秩序，保证各项工作正常开展，具有法规性、指导性与约束力的文件，而学校管理者既是制订、修订、解释、执行制度的主体，同时也是相关制度的管理对象（客体）。因此，学校管理者在学校制度文化建设中起主导作用。

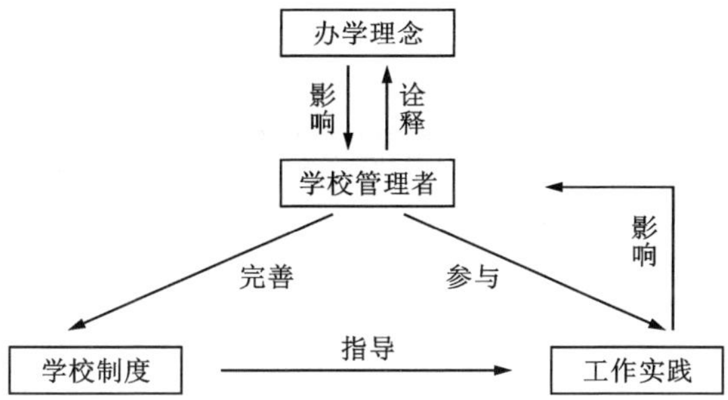

图 3-1 长沙市周南梅溪湖中学互动式的制度实践模式

第二节　学校制度文化的建设策略

一、提升民主参与热情，营造“人人参与制度建设”的文化氛围

周南梅溪湖中学，作为一所富有特色和活力的学校，历来重视制度建设在学校管理与发展中的核心作用。在构建良好的制度文化方面，学校始终秉持“人人都是制度建设者”的理念，致力于提高制度建设的民主参与度，实现师生员工、学校、社会与家庭之间的和谐互动。

首先，学校充分认识到好的制度文化本质上是学校与师生员工、社会、家庭多方长期互动的均衡结果，是在不断碰撞中达成的制度共识。学校管理者与师生员工在相互尊重、相互合作的基础上，开展多层次、多维度的协调、互动、沟通及交流。这种交流不只是局限于学校内部，还扩展到社会与家庭，确保制度的广泛性和深入性。学校管理者通过听取各方意见和建议，不断调整和完善制度内容，使其更加符合学校的实际情况和发展需要。

其次，在制度制定的过程中，学校摒弃了传统的“自上而下”的单向模式，转变为“自下而上，民主集中”的双向模式。这种转变体现了学校在制度建设中的民主性，充分激发了师生员工的积极性和创造性。

此外，学校还注重制度文化的传承与创新。学校深入挖掘自身的历史底蕴和文化特色，将优秀传统文化与现代制度相结合，形成独具特色的制度文化。同时，学校也关注社会发展和时代变化，及时吸收新的理念和经验，不断对制度内容进行更新和完善。这种传承与创新的结合，使得学校的制度文化既具有深厚的文化底蕴，又与时俱进，适应时代的发展需求。

学校在制定规章制度时，教职工代表围绕学校各部门初拟的制度广泛征集教职工意见，各部门再对提出的意见进行归类整理，党委会审议并通过，然后召开教职工代表大会，对制度再次讨论完善，经党委会再次审议通过后，学校

领导在教职工大会上发布解读，最后全体教职工落实执行相关制度。若在实践过程中，经过检验发现制度条例有可优化之处，学校将与时俱进，更新、完善制度，经过征集、归类、审议、讨论通过、发布解读等环节，形成学校民主参与制度建设的流程闭环(图 3-2)。

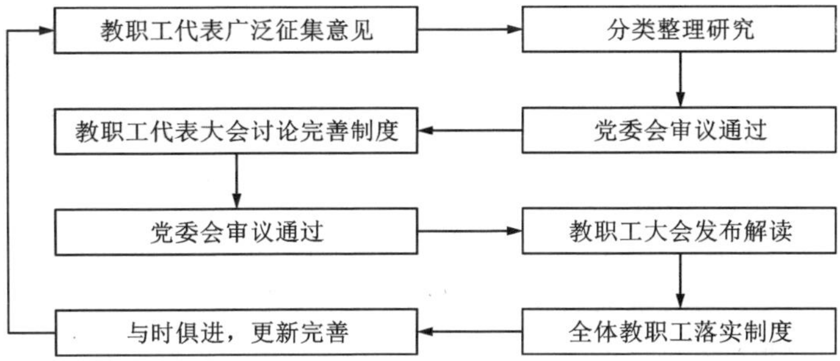

图 3-2　长沙市周南梅溪湖中学民主参与制度建设流程图

年级和班级管理也秉持学校“人人参与制度建设”的理念。如制定班规时充分发挥学生与家长的民主性，班规的初稿要组织学生进行讨论，与学生一起完善。实际上学生参与讨论的过程，也是他们理解班规的过程，不仅充分尊重学生个体意见，更使学生深入理解了相关条文，明白了为什么要做这样的规定，能有效地促使学生自觉遵守。同时，征求家长的意见，使家长更了解并配合学校加强对孩子行为习惯的养成教育，形成家校共育的合力。

总之，学校通过提高制度建设的民主参与度，营造了“人人参与制度建设”的文化氛围。这种文化不仅激发了师生的积极性和创造性，还增强了学校的凝聚力和向心力。在未来的发展中，学校将继续坚持这一理念，不断创新和完善制度文化，为学校的可持续发展提供有力保障。

二、优化质量监测体系，培育“人人守护制度品质”的自觉意识

周南梅溪湖中学在构建其学校管理顶层设计时，始终将管理者执行力作为制度执行的基石。学校深知，质量管理体系的有效落地，是推动学校制度文化建设的重要力量。因此，在制度落实的每一个环节，学校都紧密结合上级部门的工作考核要求，同时立足学校实际，精心构建了一套科学、高效的质量管理

体系。

首先，学校明确了各岗位的质量标准，这些标准既包含了基本的底线要求，也涵盖了追求卓越的优秀标准。通过这些标准，学校确保了每一位工作者在岗位上的行为与活动都能得到有效的规范与指导，使整个学校的工作流程都处于一种有序、受控的状态。

其次，学校建立了“质量管理周报”制度。各部门每周都会向学校提交详细的周报，对本周的工作完成情况进行全面的梳理与总结。这种分类评价的方式，不仅使学校能够全面了解各部门的工作情况，也为各部门提供了一个自我反思、自我提升的平台。在评价过程中，周南梅溪湖中学注重常规工作的规范化与落实、重点工作的精细化与突破，以及创新工作的创新化与特色化。同时，对于校长室下达的临时任务和牵头工作，学校也要求各部门在响应速度、完成质量上做到事事响应迅速、条条落实落稳、件件复命汇报。这种要求，既体现了学校对工作的严谨态度，也体现了对制度执行的高标准要求。

最后，在质量管理体系中，周南梅溪湖中学还建立了预防和纠正程序。对于在考核过程中发现的隐患和问题，学校会及时进行预防、整改，并形成一个持续改进和完善的工作闭环。这种闭环管理的方式，不仅有助于学校及时发现问题、解决问题，还有助于推动学校整体管理水平的不断提升。

总之，周南梅溪湖中学构建这样一个强有力的质量管理体系，目的就是引入标准化管理方式，以质量标准推动制度落实。通过构建“自评-互评-他评”的评价体系，使得质量意识深入人心，营造了“人人都是制度的维护者”的良好氛围。这样的制度文化，不仅有利于提升学校的管理效率，也有利于培养出一支具有高度责任感和使命感的师生员工队伍，为学校的长远发展奠定坚实的基础。

三、彰显管理示范效应，树立“人人遵循制度规则”的标杆形象

周南梅溪湖中学，作为一所承载着深厚文化底蕴与现代教育理念的学府，其制度文化的核心在于全校师生员工在长期的教育教学实践中，围绕管理示范这一核心，共同培育与积淀的价值观。在制度运行的脉络中，我们不难发现，在施行层面，协调程序与实施程序和谐共生；在考核层面，目标管理与过程管理交融互促；在评价层面，发展性评价与结果性评价相得益彰。

基于此，周南梅溪湖中学的管理者深知，要提升教育教学和行政管理的质量与效率，必须坚持系统思维、底线思维、前瞻思维，精心布局制度体系的顶层设计。学校致力于确保施策程序的精确无误，施策方式的高效便捷，同时巧妙处理局部与整体、结构与功能、特殊性与一般性之间的微妙关系。在这样的指导思想下，学校的管理体制呈现出信息传递精准、指挥便捷高效的特点，极大地提升了工作的整体效能。

为了进一步优化管理体系，周南梅溪湖中学采用了条块结合的扁平化管理模式。这一模式有效拉近了管理者与一线师生员工之间的距离，使得管理更加贴近实际，更具针对性和实效性。同时，管理者身体力行，积极践行制度示范和制度体验，营造出“人人都是制度的践行者”的良好氛围。

然而，制度本身的完善与否直接关系到其运行的效率、效能与效果。针对制度在代表性、完整性、规范性、严谨性、可操作性等方面可能存在的问题，周南梅溪湖中学明确规定了制度制定的原则、格式，在起草、初审、试行、反馈、修订、审定、发布等各个环节层层把关，及时调整，确保制度制定的科学性和规范性。

在制度制定的过程中，周南梅溪湖中学坚持“以需求为导向”“符合学校办学特色”“制度内在统一”“广泛参与”“表述简洁明了”“操作方法具体可行”等原则。这些原则不仅为制度制定者提供了明确的指导，也为制度的顺利实施奠定了坚实的基础。通过这些措施，周南梅溪湖中学营造出了“制度制定者先做制度遵循者”的良好氛围，人人可参与制度的制定，人人遵守制定的制度，进一步推动了学校制度文化的健康发展。

第三节　学校制度文化的案例分析

梅魂引领，以人为本
——长沙市周南梅溪湖中学教师评价制度文化案例

制度是学校发展的重要基石和保障，它在推动学校持续、健康、有序发展的过程中发挥着至关重要的作用。评价制度是学校各项制度的典型，包括教师评价制度、班级评价制度、学生评价制度等。在此，以教师评价制度为例，展现周南梅溪湖中学“梅魂引领，以人为本”的制度文化特色。

一、评价标准的民主性与科学性

学校采用“自下而上、民主集中”的双向模式来制定教师评价标准，在充分调研、广泛征求师生意见的基础上，经过多次讨论、修订完善，使评价标准更加贴近教学实际。学校起草考评框架，通过广泛征集提案、分类整理研究整合、党委会审议、教代会审议、教职工大会发布解读、日常岗位履职考核的流程，提高制度建设的民主参与度，并在时间的考验中，不断反馈、修订、审定、发布，促使评价标准更具民主性与科学性。

二、评价内容的全面性与独特性

教师评价内容涵盖面广，学校根据教师、中层干部和教辅工作人员等不同角色量体裁衣，采用符合工作角色要求的个性化评价，包括师德师风考评、德育工作实绩考评、教学教研实绩考评等。

师德师风评价是全体教职工都要测评的内容。从四个角度全方位评价教师：学生评价、年级组教师互评、教研组教师互评和综合评价。从两个角度评价中层干部和教辅工作人员：教代会满意度测评和党委会满意度测评，如果中层干部兼授课任务，则兼顾两个角色评价作为最终结果。

德育工作实绩评价体现了周南梅溪湖中学“全员育人”的德育理念。成长导师制具有独特性，即把非班主任纳入德育工作者队伍，实现全员德育。德育工作实绩评价包括基础工作、德育工作、奖励加分工作三大方面，其中德育工作是核心。德育工作按照角色可分为三类：班主任、年级组长、德育干事等常规德育工作者，成长导师，竞赛队和社团指导老师。德育工作者和成长导师均可同时兼竞赛队和社团的指导老师，但是德育工作者和成长导师角色不兼容。为体现班主任角色的重要价值，班主任等德育工作者的总分远高于成长导师的总分，包括文明得分和资料得分，文明得分按照排名方式等差赋分，资料得分按照实际标准进行赋分。班主任所带班级参考常规、成绩、活动和学生违规违纪等四个方面，取前50%的班级为“文明班级”，对应的班主任为优秀班主任，年级组长的文明得分为“文明班级”的平均分，德育干事的文明得分为年级组长的平均分。成长导师、竞赛队和社团指导老师均按照标准赋分。周南梅溪湖中学形成了全面且独特的德育队伍的评价体系，具体可见德育工作实绩思维导图(图3-3)。

教学教研实绩评价是评价教师教学水平和科研能力的重要依据，包括常规检查评价、教学实绩评价和教研实绩评价。常规检查通常采用全面检查和随机抽查相结合的方式，表彰优秀，发挥榜样示范引领作用。学科教学实绩包括文化学科教学实绩和非文化学科教学实绩，文化学科实绩通过平均分、优秀率、平均分提高幅度、优秀率提高幅度来计算，主要看进步情况，用发展的眼光看待学生、评价教师。非文化学科与文化学科总分一致，但评价角度不同，非文化学科主要看教学插标、活动组织、带队竞赛等方面，体现教师间的平等性和独特性。教研实绩评价主要包括教学主题月活动、公开课、示范课、竞赛课、课题研究、专著编写、论文发表、经验交流、考试命题、辅导学生等，全面体现教师科研实力，鼓励大家提升专业研究能力。

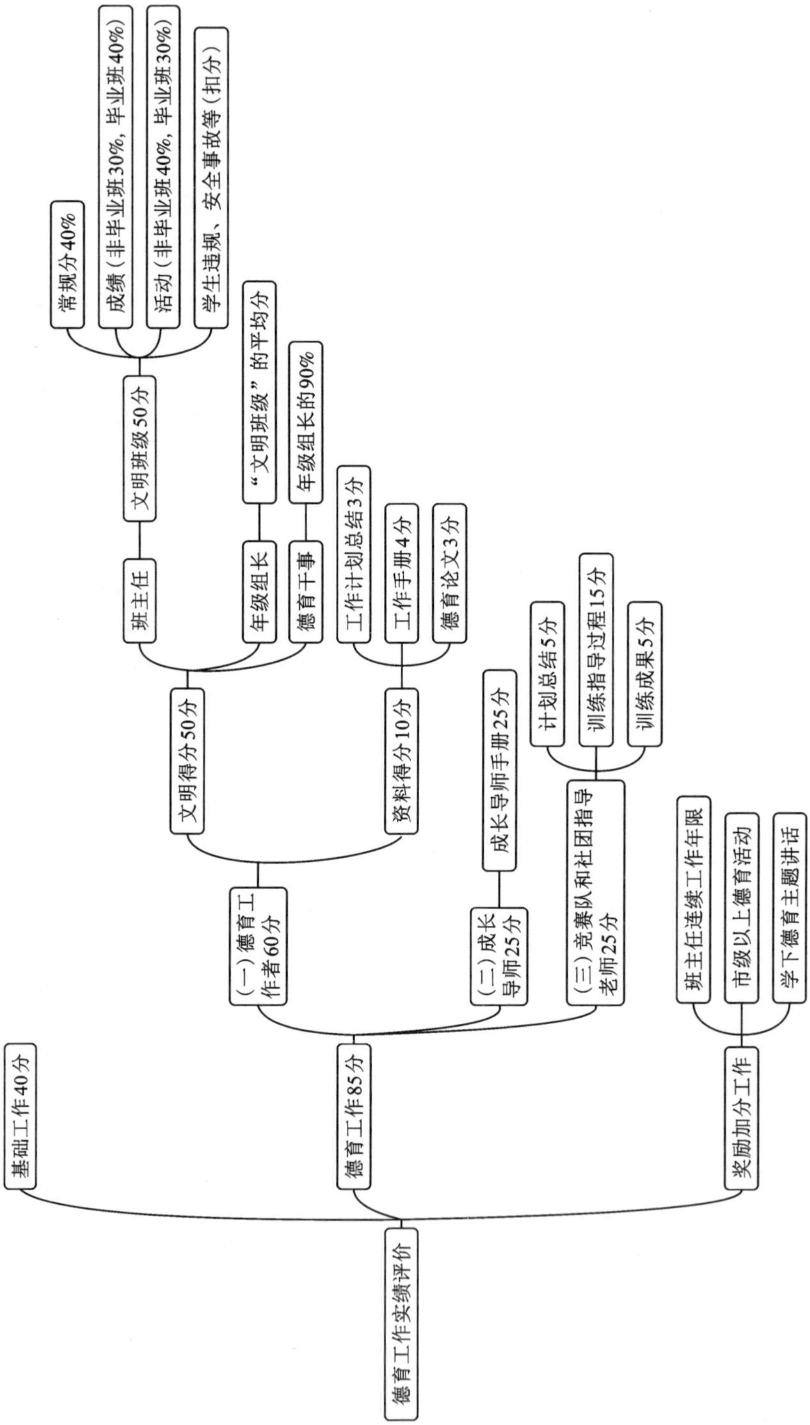

注：图中（一）和（二）不兼容；（一）（二）分别可与（三）兼容

图3-3　长沙市周南梅溪湖中学德育工作实绩思维导图

三、评价结果的激励性与发展性

周南梅溪湖中学将教学部门命名为“教师发展中心”，将德育部门命名为“学生成长中心”，既体现了学校对教师发展和学生成长的重视，也体现了“梅魂引领，以人为本”的制度文化特色。从制定评价标准到评价内容，学校都以发展的眼光看待教师。通过构建评价体系，发挥优秀教师“头雁效应”的引领功能，激励教师挖掘自身无限潜力，共同打造周南梅溪湖中学高品质教育品牌。

学校各项制度都坚持“梅魂引领，以人为本”的原则，以独具特色且富有教育内涵的“梅文化”凝心聚力，尊重人的主体地位，坚持以人为本的发展观念，让制度准则通过引导浸润师生的心田，成为全体师生的精神引领和行事原则。

第四章

行为文化

——外化于行，构筑文化育人的行为体系

行为文化，如同一座桥梁，连接着老师与学生，构筑起文化的殿堂。它不仅是老师言传身教、学生耳濡目染的生动体现，更是文化传承与创新中不可或缺的一环。在教育的广阔天地里，行为文化以其独特的魅力，影响着师生的价值观念、道德情操和行为习惯。本章将从老师和学生的双重视角，深入探讨学校行为文化的内涵与特征，揭示它在文化育人中的独特作用，并进一步阐述如何构筑一个完善的文化育人行为体系，让行为文化成为师生共同成长的重要力量。

第一节　教学行为特色文化

一、“梅开五彩，全面育人”的课程文化

随着学校发展的需要，2019 年在学校领导的倡导下，周南梅溪湖中学创建了“梅开五彩”课程体系并在实践中运用，获得师生、家长、社会的一致好评。

（一）“梅开五彩”课程体系的创建背景

1. 课程改革的时代要求

21 世纪人才核心素养的提出是课程改革的指明灯。随着全球化时代的到来，各国都面临着如何全面提高国际竞争力的问题与挑战，如何进行人才培养，成为了国际上越来越重视的议题。21 世纪人才核心素养成为许多国家或地区制订教育政策、开展教育改革的基础。

2014 年 4 月，教育部颁布了《关于全面深化课程改革落实立德树人根本任务的意见》，教育部将组织研究提出各学段学生发展核心素养体系，突出强调个人修养、社会关爱、家国情怀，更加注重自主发展、合作参与、创新实践。培养具备核心素养的全面发展的人，是学校工作的中心主题。2016 年，《中国学生发展核心素养》研究成果发布。中国学生发展核心素养以培养“全面发展的人”为核心，分为文化基础、自主发展、社会参与三大方面，每一个方面包含两大核心素养，共计六大素养。核心素养作为重要的育人目标，为课标修订、课程建设、学生评价等诸多方面提供了指导和借鉴。学校课程是一个国家或地区的教育系统中实现其教育目标的重要载体。因此，要通过课程改革将这些素养融入学校课程体系中，培养符合国家需要、适应社会发展的未来人才。

2. 新高考改革的需要

新高考改革强调对学生进行综合素质评价，将思想品德、学业水平、身心健康、兴趣特长、社会实践等方面列为高校招生的重要参考，中学教育从应试教育向提高学生综合素质转变。

在新高考改革的大背景下，培养学生的综合素质成为中学教育的重要目标。因此，积极探索新形势下培养学生核心素养的有效措施，学校课程建设是手段之一。创建适合学生发展的课程体系，既能提升学生的能力，使学生的综合素养才能进一步提升，又能更好地适应新高考改革的需要。

3. 校园文化建设的发展

“梅文化”一直是周南梅溪湖中学校园文化的精神内核。梅作为四君子之首，其高洁的品质是学生发展和培养的指向标及精神导向。梅花的花姿优美多态，花色艳丽多彩，气味清新宜人，梅花具有的多元特点，打造了其独特的魅力。正如学生的发展，其个体差异性决定了不能采取千篇一律的培养方式，而要根据学生的发展需要和特点，尊重学生个性，发展学生潜能，培养独具特色的君子少年。

（二）“梅开五彩”课程体系的创建目标

基于学校的办学理念，周南梅溪湖中学构建“梅开五彩”课程体系。基于21世纪核心素养及新高考改革的价值引领，以及学校文化“梅文化”营造的兼容并蓄、雅致多元的环境氛围，周南梅溪湖中学构建了促进学生自主发展又兼备社会宜人性的课程体系，即“梅开五彩”课程体系。“梅开五彩”课程体系的创建目标，即培养品德高尚、博闻多识、审美高雅、身强神健、锐意创新的君子少年。

（三）“梅开五彩”课程体系的具体解读

1.“梅开五彩”课程体系总纲

中国学生发展核心素养以培养“全面发展的人”为核心，分为文化基础、自主发展、社会参与三个方面，综合表现为人文底蕴、科学精神、学会学习、健康生活、责任担当、实践创新等六大素养。“梅开五彩”课程体系分为“红梅、绿梅、墨梅、青梅、白梅”五大课程，每个课程匹配相应的课程群，使学生的综合能力、品质得以全面发展(图 4-1)。

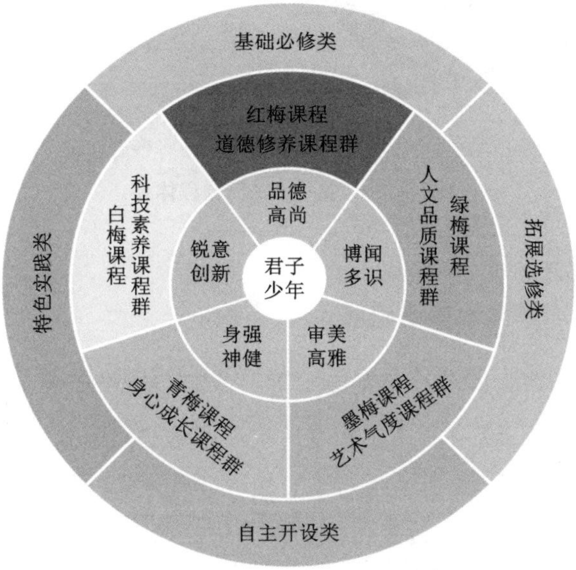

图 4-1 “梅开五彩”课程体系与课程群的对应关系

具体而言，红梅课程：道德修养课程群，旨在培养学生高尚的品德。绿梅课程：人文品质课程群，旨在培养学生深厚的人文底蕴。墨梅课程：艺术气度课程群，旨在培养学生高雅的审美情趣。青梅课程：身心成长课程群，旨在培养学生强健的身心状态。白梅课程：科技素养课程群，旨在培养学生形成锐意的创新精神。每一个课程群的具体实施包括基础必修、拓展选修、自主开设、特色实践四种类型。

2.“梅开五彩”课程体系的具体解读

红梅课程、绿梅课程和墨梅课程的设置秉承着树人先树德的基本原则，重在培养学生的道德修养、人文素养、艺术气度。青梅课程和白梅课程则从学生的社会参与和长远发展的角度，规划学生的培养方向和课程图谱，重在身心健康和科技素养的培养(图 4-2)。

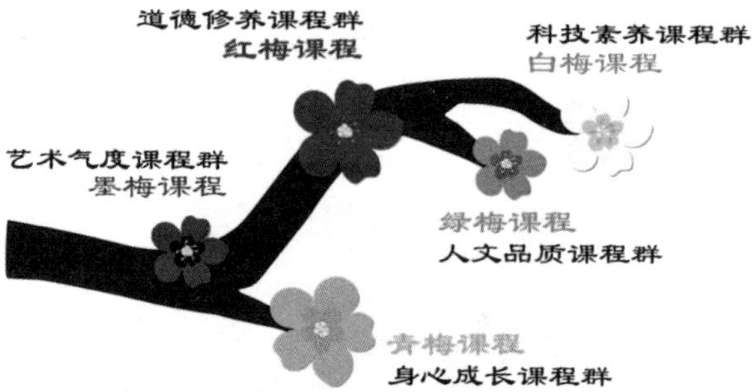

图 4-2　“梅开五彩”课程体系

3. 红梅课程：道德修养课程群

道德修养课程群将对学生的道德培养分为两个部分。首先从基础的思想品德入手，建设思想品德类课程群，其包括政治课程和夏令营主题课程(图 4-3)，重在塑造学生的良好品德和道德观念，培养学生的道德格局，达到明德的目的。其次从小事做起，构建行为习惯类课程群，培养学生良好的行为习惯，塑造践德的行为模式。行为习惯课程群包括劳动技术课程、手账社课程和主题社会实践课程，旨在让学生在参与和活动中明德践德。

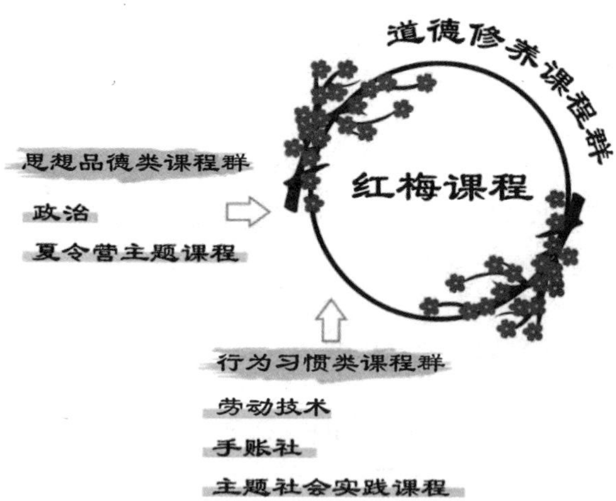

图 4-3　红梅课程解读

4. 绿梅课程：人文品质课程群

人文品质课程群分为人文底蕴类课程群和言语交往类课程群（图 4-4）。人文底蕴类课程群包括语文、历史、英语、地理等国家设置课程及文体课程、文学社活动课程、英语社活动课程、寻间古风社活动课程和日语社活动课程等校本课程。言语交往类课程群主要包括班会、小记者社、周梅辩论队、青禾读书会、模联社等社团类活动课程。

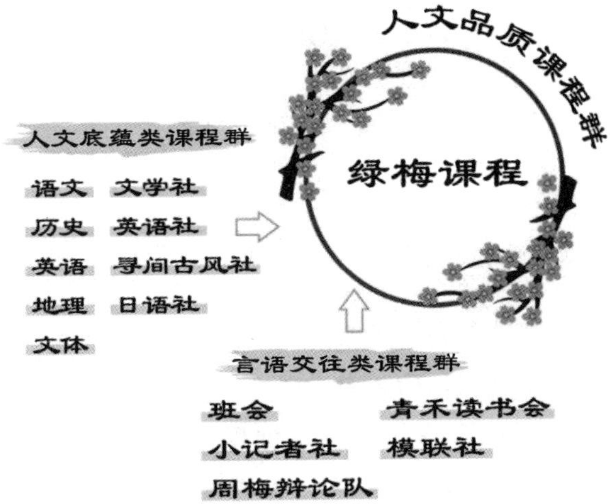

图 4-4　绿梅课程解读

5. 墨梅课程：艺术气度课程群

艺术气度课程群包括音乐类课程群、美术类课程群和表演类课程群（图 4-5），从不同角度、不同形式开拓学生的艺术视野，培养学生的审美情趣，提升学生的艺术创造能力。音乐类课程群包括国家设置课程中的音乐课和流行音乐社、古风音乐社、声音研究所、周梅民乐社等社团类活动课程。美术类课程群包括国家课程中的美术课和摄影社、绘画社、ACG（动漫）社、影像视界社等社团类活动课程。表演类课程群以戏剧社活动课程为主，根据学生的兴趣和需要，为学生提供课程资源，让学生在自主、探究、合作的模式下开展课程。

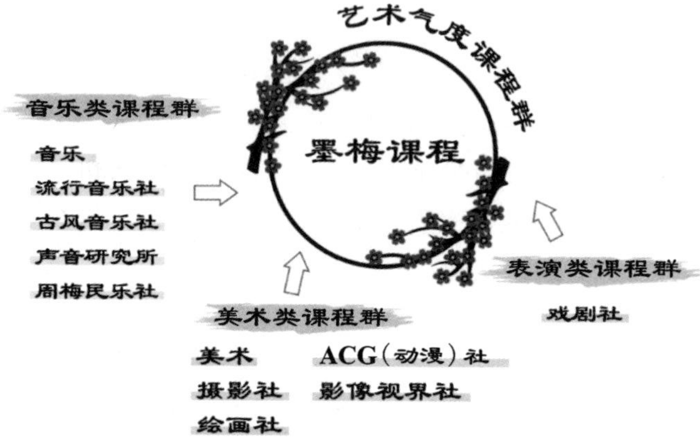

图 4–5　墨梅课程解读

6. 青梅课程：身心成长课程群

身心成长课程群包括身心强健类课程群和生涯规划类课程群(图 4–6)，分别以学生发展的物质基础和目标导向为视角，规划课程图谱。身心强健类课程群包括体育课程、心理课程、足球社活动课程、篮球社活动课程和心晴社活动课程，其基于理念的养成和活动的实践，培养学生良好的身心素质。生涯规划类课程以生涯课程为主，通过理念与活动相结合的方式，协助学生找到自己的发展方向和目标。

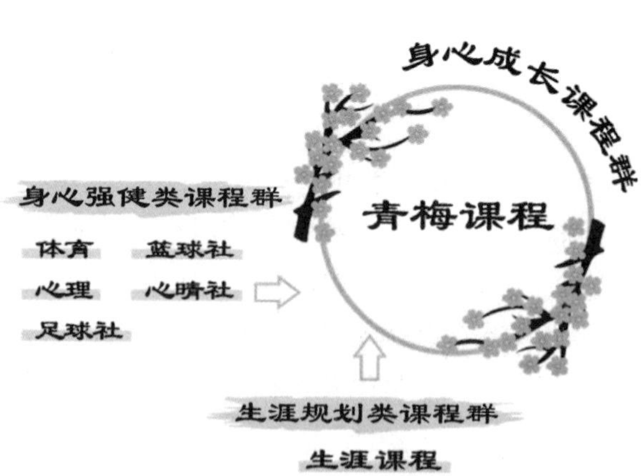

图 4–6　青梅课程解读

7. 白梅课程：科技素养课程群

科技素养课程群包括数理基础类课程群和科学探索类课程群（图 4-7）。数理基础类课程群包括数学课程、生物课程、化学课程、物理课程、化学社活动课程等。科学探索类课程群包括劳动技术课程、信息技术课程、小小科学家课程、设备组课程等。其通过基础实践和探索类课程，培养学生的探索精神和动手能力。

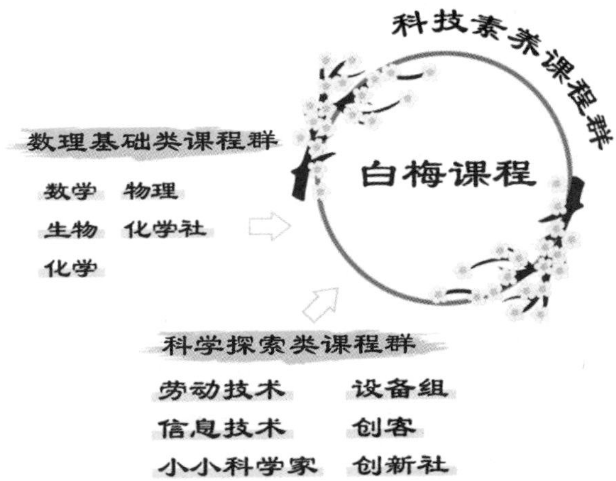

图 4-7 白梅课程解读

（四）“梅开五彩”课程体系的实践运用

从 2019 年下学期开始，我校在初中部实践运用“梅开五彩”课程体系。下面以 2021 年上学期为例说明（表 4-1、表 4-2）。

表 4-1 2021 年上学期周南梅溪湖中学初一年级“梅开五彩”特色课程安排表

时间	课程名称		授课教师	上限人数/人	授课地点
周二	绿梅课程	国学经典诵读	朱娟、施京佚	45	1 班教室
		菁精有味快乐阅读	肖菁华、傅江黎	45	2 班教室
		智慧林——品中国文人	刘慧琳	45	3 班教室
		美文赏读	廖倩霞	45	4 班教室
		英语趣配音	彭磊芳、吴丹	45	6 班教室

续表4-1

时间	课程名称		授课教师	上限人数/人	授课地点
周二	白梅课程	趣味数学 1	李可	45	7 班教室
		竞赛数学	汤罗英、谷珊	45	8 班教室
	墨梅课程	英语"剧"达人	陈艳	45	9 班教室
		体育舞蹈	吕纤	45	天健馆
		中国舞	李珍妮	45	形体房
		钢琴兴趣班	陈姝琳	40	钢琴房
	青梅课程	羽毛球	王平	45	篮球场
周三	青梅课程	啦啦之星	文妙	50	舞蹈房
		乒乓球协会	刘政	35	天健馆
		积极心理品质训练营	何园竹	20	心理教室 1
		积极心理品质体验营	刘芝玲	20	心理教室 2
	墨梅课程	趣味游戏编程	吴万紫	35	天工馆 308
		摄影社团	曾蓓、刘任池	15	美术教室 1
		动漫社团	江樱	25	1 班教室
		民乐社团	傅莹颖	15	形体房
		合唱社团	陈姝琳	40	音乐教室
		静心棋社	张序贵	26	博二
	绿梅课程	墨梅文学社	李桂花	20	3 班教室
		图说时政	肖翅翅、罗晓丹	35	4 班教室
		少年《史记》进阶课程	孙赛男	35	5 班教室
		看鉴历史之古今趣闻探秘	李欢	35	6 班教室
		影像中的历史	陈楚楚	30	7 班教室
		微世界	李素云、黄雪涓	35	8 班教室
		旅游地理	陈超、曾彬彬	40	9 班教室

续表4-1

时间	课程名称		授课教师	上限人数/人	授课地点
周四	绿梅课程	国学经典诵读	朱娟、施京佚	45	1 班教室
		菁精有味快乐阅读	肖菁华、傅江黎	45	2 班教室
		美文赏读	廖倩霞	45	3 班教室
		钢笔书法基础入门	马冬晴	30	4 班教室
	墨梅课程	英语“剧”达人	李珍妮、陈艳	45	5 班教室
		The Sound of Music	刘露、周慧	45	6 班教室

表 4-2　2021 年上学期周南梅溪湖中学初二年级“梅开五彩”特色课程安排表

时间	课程名称		授课教师	上限人数/人	授课地点
周二	白梅课程	物理探秘	俞超源	45	1 班教室
		科学之路	周玺	45	2 班教室
		生物思维训练营	晏佳明	40	3 班教室
	墨梅课程	经典诵读	李媛	45	5 班教室
		英语戏剧排练	刘若岚	45	6 班教室
		经典影视欣赏	陈漾	45	7 班教室
		The Sound of Music	易波	45	8 班教室
	青梅课程	健身操	何世剑	30	天健馆
		飞盘运动	陶加诺	35	足球场
周三	墨梅课程	十字绣	杨多	40	1 班教室
		围棋社	周玺	40	2 班教室
		创客小达人	秦有才	40	创客工作室
		草木染	唐思敏	25	美术教室 2
	青梅课程	跆拳道	冯文强	35	天健馆
		篮球	王平	30	篮球场

续表4-2

时间	课程名称		授课教师	上限人数/人	授课地点
周三	绿梅课程	书写漂亮英文	徐英	45	4 班教室
		谈古论今话诗词	王庆	40	5 班教室
		经典文学作品赏析	李媛	45	6 班教室
		定格的记忆	吕思桦	30	历史多媒体教室
		图说时政	龙海珍	30	7 班教室
周四	白梅课程	计算题高效训练	王媚、周承灿	40	1 班教室
		生地探秘营	林海霞	50	2 班教室
		仰望星空	冯志军	40	3 班教室
	墨梅课程	素描绘画	刘任池	35	天工馆绘画教室
		摄影艺术	曾蓓	45	4 班教室
	绿梅课程	趣味语文魅力汉字	姚辉	40	6 班教室
		诗词鉴赏	杨秀梅、周瑛	40	7 班教室

（五）“梅开五彩”课程体系实践运用的意义

1. 激学生兴趣，提升核心素养

课程开始前抢报课程，课中做好笔记，兴趣浓厚，课后“围攻”老师，不愿放学，这是周南梅溪湖中学学生上“梅开五彩”特色课程的常态。“梅开五彩”特色课程，为学生的成长创设了丰富多彩的课程内容与活动，促进了学生个性化成长与发展，个体的特色与价值需要在丰富的课程设置中得以体现。在丰富的课程中学生自由成长、个性张扬，开创美好的未来。在“梅开五彩”特色课程“盛放”的周南梅溪湖中学校园，学生核心素养不断提升，这是新时代对于培养人才综合素质的要求。

2. 促教师发展，引导专业成长

有了师资作保障，“梅开五彩”特色课程才能可持续发展。在课程建设中，

学校鼓励教师向一专多能型方向发展，尤其是社团活动类课程和综合实践类课程，在教师安排上，结合教师特长，让每个教师都能有活动实践的工作、学习任务，给教师自我发展的机会，通过课程促进教师的自我发展，引导教师专业发展。

3. 创办学特色，助力未来教育

“梅开五彩”特色课程的创建和实践运用，在育人目标上体现了社会对人才的要求和人的个性发展要求，满足了学生对教育多元化的需求，满足了社会对人才的要求。同时随着教师专业技能的不断提升，教师在特色课程建设中不断获得发展，使师生过上一种幸福完整的教育生活。在学校特色课程理论开发和实践层面积累的经验，使学校的校园文化“梅文化”的内涵更丰富。

社会的进步促使人们对教育价值观、学生观、教学价值观、课程观重新思考，这些思考又促使我们不断开拓、发展、丰富“梅开五彩”课程体系，更着重于基础教育的“未来性”“生命性”和“社会性”。

（六）“梅开五彩”课程体系的课堂剪影

随着第九节课的上课铃声响起，周南梅溪湖中学校园顿时沸腾起来了，课后服务课程拉开了序幕，到处都是学生的欢声笑语。课后服务形式多样，比如：图说时政、少年《史记》进阶课程、日语、法语、韩语、黑白键上的音与画（图 4-8）、趣味游戏编程、人工智能、趣味数学、探秘二维码、硬笔书法、影视赏析、金牌主持、民乐、街舞、无人机与摄影……

在这所充满活力的校园里，30 余门定制课程如同一道道色彩斑斓的风景线，吸引着学生的目光。这些课程不仅涵盖了丰富的硬知识，还有助于培养学生的软技能。在这里，每一个学生都能根据自己的兴趣和特长，自由地选择心仪的课程和老师。无论是追求知识的深度，还是渴望技能的广度，都能在这里找到满足自己“小心思”的天地。

老师深知自己责任重大，不敢有丝毫的懈怠。每一节课他们都会提前精心准备，确保内容既充实又有趣。有的老师会通过问卷调查了解学生的需求，以便更有针对性地设计教学内容；有的老师则会准备一些小礼物或惊喜，作为对学生的鼓励和激励。课堂上，老师还会运用各种教学方法和手段，如课堂游戏、竞赛、实验等，让学生在轻松愉快的氛围中学习知识，提升能力。

图 4-8　黑白键上的音与画

课后服务作为“双减”政策的重要组成部分，对于提升教育质量、促进学生全面发展具有重要意义。学校在探寻课后服务优化提质之路上，不断尝试和创新，力求为学生提供更加优质的教育资源和服务。其中，“梅开五彩”课程体系的建立和实施，就是学校在课后服务方面的一大亮点。

红梅课程注重道德修养的培养，通过一系列的课程活动，引导学生树立正确的价值观和道德观；绿梅课程则侧重于人文品质的提升，让学生在感受中华文化博大精深的同时，增强文化自信和民族自豪感；墨梅课程以艺术为媒介，培养学生的审美能力和创造力；青梅课程关注身心健康成长，通过体育锻炼和心理健康教育等方式，让学生拥有强健的体魄和阳光的心态；白梅课程则致力于科技素养的培养，让学生在探索科学的奥秘中，激发创新精神和求知欲。

这五朵“梅花”共同构成了学校独特的课后服务体系，为学生提供了一个丰富多彩、全面发展的成长平台。在这里，每一个学生都能找到属于自己的舞台，绽放自己的光彩。我们相信，通过这些课程的熏陶和磨砺，学生一定能够成为更好的自己，迎接未来的挑战和机遇。

二、“梅香独特，研学静思”的课题文化

学校历来重视教育科研工作，学校教育科研氛围浓厚，近 5 年，学校完成了 1 个国家级课题、1 个省重点课题、2 个省规划课题等 13 个课题的立项及结

题；编写了《梅文化》《垃圾的分类与处理》《劳动教育》等校本教材 18 本；《梅文化》校本课程获得湖南省普通高中校本课程评比二等奖、市一等奖。

下面以课题“‘梅文化’引领学校德育教育的实践与研究”为例来介绍学校的课题研究。

（一）问题的提出

在德育教育工作实践中，我们认为，目前学校的德育教育工作普遍存在一些弊端。首先，德育教育目标过于宽泛。绝大多数学校将自己的德育理念体现在校训中，几个词语或者几句话的校训涵盖的内容极其有限，同时高度概括化的校训缺乏详细的解读，很多时候容易流于形式，且不能充分贯彻落实。

其次，德育教育内容过于零散。很多学校并未形成一套完整的德育教育系统，针对不同阶段、不同性格、不同性别的学生，没有相应的系统性的德育教育，很多时候主要依靠班主任自身的经验和立场去解决学生的德育问题，显得过于零散，没有形成系统性，造成德育效果千差万别。

再次，德育教育行为严重滞后。主要以班主任说教、班会等形式进行德育教育，呈现出随机性、偶然性，往往是学生先表现出问题，学校再进行相应的德育教育，而此时已经造成或大或小的影响。德育教育不能走在学生前列，未雨绸缪，防微杜渐。

最后，德育教育方式过于单一。目前的德育教育方式，大多还是以说教为主，长期、单一的德育教育方式很容易让学生产生抵触心理。

鉴于此，周南梅溪湖中学自建校之初就确定了以“梅”为代表的校园文化，不仅将教学楼分别命名为品梅楼、赏梅楼、听梅楼，更是在学校绿化带种植了 367 株梅树。在此基础上，周南梅溪湖中学很多活动都以“梅”为主题进行命名，如在一年一度的梅花节活动中，就曾以“梦向书中筑，梅先天下春”为主题分别开展了“吟雪咏梅”诗歌朗诵会、“邀雪赏梅”器乐舞蹈大赛、“落雪听梅”校园歌手大赛、“凌雪话梅”校园课本剧大赛等活动，让学生在日常活动中，体悟“梅文化”，在无形之中让学生完成对校园文化的认同，也完成了德育教育的铺垫。

经过建校以来的不断探索和实践，学校以梅花为代表的德育体系取得了社会、家长、学生的一致好评。它不仅让学校的德育教育形成统一、规范的体系，更是将梅花特有的坚强、奉献等精神渗透在平时的教育中，让学生不仅从学校、教师层面感受学校德育精神，还能从眼前活生生的景物中领悟德育精神，从而让德育教育更加生动，更能被学生接受。

（二）选题意义与研究价值

梅花原产于中国，是中国传统十大名花之首。以中国梅文化为研究对象，主要通过对梅花诗词的相关作者和作品进行解读，挖掘梅文化中蕴涵的优秀中华民族传统道德精神，并在对梅文化的审美教育中，培养学生的审美情趣，达到提升中学生文化素养的目的。

（三）研究目标

（1）在广泛、深入地调查研究的基础上，更全面、准确地了解和掌握学生思想心理活动的现状。

（2）开辟出学校有效性德育教育的新途径。

（3）探索有关“梅文化”系列活动对学生品德教育的促进作用。

（4）评价“梅文化”对校园文化建设所起的引领性作用。

（5）构造有特色的校本课程，编写以“梅”为主题的德育教育校本教材。

（6）促进教师教育观念的转变，提高教师素质，使教师的理论水平、业务能力、研究技能都上一个新的台阶。

（四）研究内容

（1）如何使学生熟知“梅文化”中的传统美德的内容。

（2）学科教学如何渗透“梅文化”中的传统美德教育。

（3）学校教育中“梅文化”等传统美德教育如何与落实《中小学生守则》《中学生日常行为规范（修订）》紧密结合。

（4）“梅文化”中的传统美德教育应该开展哪些主题活动，如何开展。

（5）在“梅文化”中的传统美德教育中班级应该发挥怎样的作用，如何发挥作用。

（6）“梅文化”中的传统美德教育如何与学校的行风整顿、师德建设有机结合。

（五）创新之处

结合学生熟知“梅文化”中的传统美德，在学校的教育教学中进行以“梅文化”引领的传统美德教育。

（六）研究思路

本课题研究基于对前期校园“梅文化”的研究，期望对学校德育工作的提升及引领有所帮助。本课题研究首先对校园文化、德育、“梅文化”内涵、界定、关系等的研究；然后制定相关研究方案及计划；其次分解任务，进行“梅文化”引领德育工作相关实践，同时注意实践过程中的单元总结与反思，预计要经过多次理论与实践相结合的反复，故实践中要加强合作与交流，适时调整方案、策略和方法等，并逐步形成一些成果；最后形成可供借鉴及实践操作的特色方法，真正实现校园“梅文化”引领德育，并全面提升学校德育教育工作效果的目标。

（七）“梅文化”子课题研究情况

围绕“梅文化”，学校开展了以下子课题的研究：

（1）如何使学生熟知“梅文化”中的传统美德的内容。

（2）地理教学中如何渗透“梅文化”中的传统美德教育。

（3）英语教学中如何渗透“梅文化”中的传统美德教育。

（4）学校德育教育中怎样开展“梅文化”教育。

（5）“梅文化”中的传统美德教育应该开展哪些主题活动，如何开展。

（6）在“梅文化”中的传统美德教育中班级应该发挥怎样的作用，如何发挥作用。

（7）“梅文化”中的传统美德教育如何与学校的行风整顿、师德建设有机结合。

（八）成果公报

湖南省规划课题“‘梅文化’引领学校德育教育的实践与研究”自 2016 年立项以来，经过课题组全体成员的积极努力，取得了一定的成果，现将取得的成果公报如下。

1. 专著类

《中小学科普教育的实践与研究》(中南大学出版社)，2019 年 10 月出版。

2. 论文类

(1)有关“梅文化”论文的获奖及发表情况(表 4-3)。

(2)《创设“名学生工作室”，书写有温度的生命传奇》案例获评为湖南省中小学德育工作优秀案例。

表 4-3 有关“梅文化”论文的获奖及发表情况

作者	论文名称	活动名称	获奖级别	获奖类别	时间	举办单位
李玉霞	赏梅诗 写梅文 铸梅魂	2018 全国优秀教育科研论文评选	国家级	一等奖	2018 年 5 月	教育部基础教育课程改革研究中心
符豪良	论梅花文化在班级管理中的运用	2016 全国优秀教育科研论文评选	国家级	一等奖	2016 年	中国教育学会
谢芳	班主任如何用“梅花”文化引领学生成长的几点思考	中国发明协会中小学创造教育分会 2018 年度论文评选	国家级	一等奖	2018 年 11 月	中国发明协会中小学创造教育分会
彭友云	梅溪湖边的梅文化	市教育局选送 2017 省教师教育学会年度论文评审	省级	一等奖	2017 年 12 月	湖南省教师教育学会
姚 灿	浅谈如何在英语学科教学中渗透传统美德教育	湖南省 2019 年教育教学科学研究论文评选	省级	一等奖	2019 年 12 月	湖南省教育学会
姚 灿	树人先立德	湖南省 2019 年教育教学科学研究论文评选	省级	一等奖	2019 年 12 月	湖南省教育学会

续表4-3

作者	论文名称	活动名称	获奖级别	获奖类别	时间	举办单位
刘任池	梅花香自督导来	市教育局选送2017省教师教育学会年度论文评审	省级	二等奖	2017年12月	湖南省教师教育学会
汤应宇	以梅花精神引领中学生克服畏难情绪的实践及思考	2016省创造学会创新论文评比	省级	三等奖	2016年6月	湖南省创造学会
姚　灿	浅谈如何在英语学科教学中融入传统美德教育	《速读(下旬)》	省级	—	2019年10月	—

(3)《以梅铸魂，同心筑梦》获得湖南省创新大赛一等奖、长沙市一等奖。

(4)秦有才老师因《构建名学生工作室》案例获评全国教育改革创新优秀教师奖。

3. 校本课程类

“梅文化”校本课程获得湖南省高中校本课程评比二等奖。

“梅文化”校本课程获得长沙市高中校本课程评比一等奖。

“梅文化”校本教材获得长沙市友谊教育科研奖二级三等奖。

编写《梅诗梅词》校本教材。

语文组课题“新高考条件下基于梅文化的写作教学研究”被确定为长沙市规划课题。

4. 成果推广类

(1)叶双秋校长向前来学校学习考察的团队介绍学校“梅文化”的实践与思考。

(2)学校成为中国教育科学研究院骨干校长(教师)培训基地，每年接待2批来自全国基地校的校长、骨干教师跟岗学习一周。表4-4为接待来学校参观考察团时叶双秋校长介绍的关于“梅文化”的部分讲座情况。

(3)学校承办了全国知识产权教育骨干教师培训班、湖南省防震减灾科普教育示范学校骨干教师培训班等 10 多个国家级、省市级经验交流活动。

(4)《十几岁》杂志《周南梅溪湖中学校庆五周年专刊》推介。

(5)叶双秋校长在全国各地的演讲、讲座传播了学校“梅文化”的理念和实践，把我们的研究成果推出了湖南省，推向了全国(表 4-5)。

表 4-4　“梅文化”主题讲座

序号	时间	讲座名称	备注
1	2016-09-23	关于学校文化建设的思考与实践——“梅文化”学校养成记	广州市中学总务主任培训班
2	2017-11-11	梅文化引领学校德育的实践与思考	岳阳市云溪区教育局研修班
3	2017-11-18	“梅文化”：以梅立德，以梅铸魂	中国教育科学研究院各试验区学校文化建设现场会
4	2018-04-11	打造校园文化环境，让学校每一面墙壁都说话每一处都育人	浙江省温州市后勤校长培训班
5	2018-05-08	坚持用文化引领学校，学校立德树人	江西省第 43 期高中校长高级研修班
6	2018-11-08	学科渗透与文化育人	广西壮族自治区南宁市特级教师专业素养提升高级培训班
7	2019-05-16	寻找学校管理的新视角	中国教育科学研究院指派骨干校长挂职研修
8	2019-05-28	关于学校管理的思考	江西省第 45 期高中校长高级研修班
9	2019-06-26	学校德育管理的新视角：文化育人	福建省高中校长培训班
10	2019-07-18	校园文化与学校美育	河南省郑州市中小学美育教育工作者能力提升培训班
11	2019-08-15	文化立校与学校德育	国培计划——蓝山县乡村骨干校园长培训班

表 4-5　叶双秋 2018 年 8 月—2019 年 7 月讲座情况一览表

序号	时间	讲座名称	讲座对象	举办单位或地点
1	2018-11-08	学校管理的新视角	广西壮族自治区南宁市特级教师专业素养提升高级培训班	广西教育学院
2	2018-11-15	教师发展性评价体系与新高考的若干思考	湖南省第 40 期高中教学培训班	湖南省教育管理干部培训办公室
3	2018-11-24	让教育信息化为学校插上腾飞的翅膀	安乡县教育局机关管理干部信息化能力提升班(第一批)	湖南师范大学
4	2018-12-01	让教育信息化为学校插上腾飞的翅膀	安乡县教育局机关管理干部信息化能力提升班(第二批)	湖南师范大学
5	2019-05-16	新高考制度下的学校治理	中国教育科学研究院指派骨干校长挂职研修	中国教育科学研究院
6	2019-05-28	关于学校管理的思考	江西省第 45 期高中校长高级研修班	江西省教育干部培训中心
7	2019-06-26	新高考·新挑战·新策略	福建高中校长培训班	湖南省第一师范学院国培办
8	2019-07-11	关于校园文化的思考	国培计划——2019 岳阳县校长“提能工程”高级研修班	湖南省第一师范学院国培办
9	2019-07-18	校园文化与学校美育	郑州市中小学美育教育工作者能力提升培训班	湖南师范大学
10	2019-07-21	文化立校：学校管理新视角	国培计划——东安县乡村中小学骨干校长培训班	湖南师范大学
11	2019-07-25	新高考选课走班操作办法与学校管理转型变革	新高考背景下高中教学改革与拔尖学生培养论坛	湖南省新课程研究院
12	2019-08-15	文化立校与学校治理	国培计划——蓝山县乡村骨干校园长培训班	湖南师范大学
13	2019-08-19	文化立校与学校组织机构重构	国培计划——冷水滩和安乡县骨干校园长提升研修班	湖南师范大学

5. 媒体报道类

(1)2015 年 5 月 12 日《湖南日报》,《校园飘逸“梅花”香——解读周南梅溪湖中学独特的“梅文化”》。

(2)2016 年 5 月 5 日《湖南教育(上旬)(A)》,《如梅,生命凌寒绽放——访长沙市周南梅溪湖中学校长叶双秋》。

(3)2017 年 10 月 25 日星辰在线,《专访周南梅溪湖叶双秋:以梅育人 长留清气满校园》。

(4)2018 年 9 月 4 日湖南教育信息网,《校长说|周南梅溪湖校长叶双秋:遇见更优秀的自己》。

(5)2019 年 10 月 24 日华声在线,《太潮了!快来听听周南梅溪湖中学校歌〈梅花开时〉》。

(九)学校目前课题研究情况

表 4-6 为学校目前课题研究情况汇总。

表 4-6 学校目前课题研究情况

课题名称	1. 译林版新教材“单元整体教学”实践研究(课题号 XJK122CJC021)
课题负责人	秦兰静
课题级别	省级教育规划课题
研究时间	2023 年 4 月—2026 年 11 月
研究人员	秦兰静、袁妙玲、欧小华等
研究状况	正在研究
课题名称	2. 基于学科核心素养的高中英语读后续写实践研究(课题号 Xjkx20B232)
课题负责人	秦兰静
课题级别	市级课题
研究时间	2021 年 10 月—2024 年 10 月
研究人员	秦兰静、袁妙玲、陈小芬等
研究状况	正在研究

续表4-6

课题名称	3. 拔尖创新人才培养与学科教学融合方式研究
课题负责人	李冠男
课题级别	省级重点课题(湖南省机器人科技教育学会)
研究时间	2022 年 10 月—2025 年
研究人员	秦有才、刘任池、肖荷花、许晴、吴万紫、李玉霞、唐思敏、蒋开亮等
研究状况	正在研究
课题名称	4. 城区学校研究型劳动实践基地建设的理论和实践研究
课题负责人	肖荷花
课题级别	省级重点课题(湖南省机器人科技教育学会)
研究时间	2022 年 10 月—2025 年
研究人员	秦有才、刘任池、吴万紫、彭世芳、蒋开亮等
研究状况	正在研究
课题名称	5. 五育并举背景下“四季六节”校园主题节日活动体系研究
课题负责人	黄馨怡
课题级别	重点资助课题
研究时间	2022 年 11 月—2025 年 11 月
研究人员	吴伟、曹共平、王晓红、李冠男、马海金、张宇、许晴、傅江黎、黄文杰、罗琨、陈元、肖荷花、张沛琳、梁振兴、陈姝琳、梁倩
研究状况	正在研究
课题名称	6. 基于大单元教学导向下高中生物学学科实践设计和实施
课题负责人	罗贯周
课题级别	省级重点课题
研究时间	2023 年 7 月—2025 年 12 月
研究人员	李冠男、许晴、李艳波、罗贯周、贺桂林、罗杉霖、余花
研究状况	正在研究
课题名称	7. 新教材“语言积累、梳理与探究”任务群结构化教学研究
课题负责人	黄静
课题级别	市级一般课题
研究时间	2022 年 11 月—2025 年 11 月
研究人员	万艳、曾琳、岳媛媛
研究状况	正在研究

续表4-6

课题名称	8. 语文教材建设中创新性发展语言知识、梳理与探究
课题负责人	厉行威
课题级别	省级一般课题
研究时间	2021 年 6 月—2024 年 12 月
研究人员	万艳及长沙教育学院课题组其他人员
研究状况	正在研究
课题名称	9. “品质教育”背景下初中家校社协同育人的有效路径与策略研究
课题负责人	李欢
课题级别	市级重点资助课题
研究时间	2023 年 12 月开始
研究人员	曹共平、吴伟、李冠男、张宇、许晴、田晨玉、王庆、袁涛、易波、王佐、孙赛男、汤罗英、张红、黄娇、徐佳
研究状况	已立项
课题名称	10. 校园梅文化引领下的“梅好”教育生态
课题级别	省级一般课题
课题负责人	吴伟
研究人员	曹共平、符豪良、汤应宇、许晴、张宇、李玉霞
获奖情况	特等奖
课题名称	11. “情境化教学”在高中化学教学中的应用
课题负责人	高节良
课题级别	市级课题
研究时间	2022 年 11 月—2025 年 11 月
研究人员	高节良、周永卫、谭志刚
研究状况	正在研究
课题名称	12. 饮食中国
课题负责人	李丽梅
课题级别	省级一般课题
研究时间	2022 年 11 月—2025 年 11 月
研究人员	朱美珍、林海霞、唐小玲、陈超、冯志军、罗成等
研究状况	已立项，待结题

续表4-6

课题名称	13. 核心素养导向的项目式混合教学
课题编号	2022CFS006
学校项目组成员	刘楚良、戴欢
课题级别	国家级（中国教育科学研究院）

三、“梅趣横生，启智铸魂”的活动文化

为打造“梅好”课堂，学校不仅深入探索教育教学理念，还构建了系统且完备的课堂文化架构。为每一堂课注入了目标、实效、温度、深度和反思的活力，使课堂成为学生成长的重要舞台。

首先，我们确立了课堂的中心——为每一位学生的个性发展而设计。这一理念贯穿始终，确保每位学生都能够在课堂中找到属于自己的学习路径。接着，我们坚持“两主”理念，即学生主体和教师主导。学生作为学习的主体，积极参与课堂活动，而教师则发挥主导作用，引导学生深入学习，解决问题。在备课环节，我们提出了“三问”原则。教师需要思考预期结果是什么，评估证据有哪些，以及如何设计学习体验和教学。这样的备课方式有助于教师更加清晰地把握教学目标，设计有针对性的教学活动。课堂上，我们追求“四有”标准，即有目标、有氛围、有生活、有实效。课堂有明确的教学目标，营造出积极的学习氛围，将知识与生活紧密结合，确保教学效果显著。评课环节，我们采用“五维”评课标准，即关注教学目标、自主学习、有效问题、落实提升和关注差异。这种评课方式有助于教师全面了解自己的教学情况，发现不足，进一步提升教学水平。在观课议课方面，我们遵循“七诀”原则，即主题、观察、陈述、提问、理解、反思和创新。“七诀”原则鼓励教师在观课议课过程中深入剖析课堂现象，提出有针对性的建议，促进教师之间的交流与成长。最后，我们强调“六 E”原则在课堂中的应用，即期望（expectation）激发学生的学习动力，投入（engagement）让学生全身心参与课堂，探究（exploration）培养学生的创新思维，延伸（extension）将课堂知识拓展到实际生活中，环境（environment）营造舒适的学习氛围，评价（evaluation）则是对学生学习效果的客观评估。

通过这些核心要素的有机结合，学校的“梅好”课堂不仅实现了知识的有效传递，还在培养学生综合素质、促进个性发展方面取得了显著成效。未来，我们将继续深化课堂改革，不断完善课堂文化架构，为学生提供更加优质的教育服务。

根据学校的课堂文化模式，在教学方面学校开展了丰富的教师活动和学生活动。

（一）教师活动

教师是学校发展之本，学校应重视教师教学能力的培养和提高，建立教师发展支撑体系，通过多种方式对教师教学能力进行培训和提高。

1. 活动内容序列化

每一学期，学校都会根据教育教学实际，围绕一个主题开展教学主题活动月系列活动，提高教师的工作能力，促进教师教育教学水平的提升。序列化的活动安排也有助于教师形成持续学习和自我提升的习惯。通过不断参与活动，教师可以逐渐积累教育教学经验，提升教育教学水平，为学校的长远发展贡献力量。

表 4-7 为学校教学主题活动月情况汇总。

表 4-7　学校教学主题活动月情况汇总

年份	主题	活动内容
2015 年下	聚焦智慧课堂， 引领教师成长	活动一：领导引领——校级、中层观摩课 活动二：牛刀小试——青年教师诊断课 活动三：名师携手——骨干教师示范课 活动四：初崭头角——青年教师汇报课 活动五：百花齐放——第一届智慧课堂教学比武 活动六：读书沙龙
2016 年上	锤炼教学基本功底， 提升教师专业素养	活动一：教师基本技能竞赛——粉笔字 活动二：教师基本技能竞赛——课件制作 活动三：教师基本技能竞赛——普通话 活动四：教师专业素养展示——书面评课 活动五：教师专业素养展示——优秀教学案例设计 活动六：教师专业素养展示——优秀试题命制

续表4-7

年份	主题	活动内容
2016 年下	注重学科核心素养，探究有效教学策略	活动一：师徒联手，同课异构——青年教师“同课异构”课堂展示 活动二：课堂革命，素养教学——骨干教师“简约课堂”教学示范 活动三：素养积淀，学科 PK——学科核心素养知识抢答赛 活动四：教学沙龙，主题研讨——“怎样的课才算是一堂好课”——我心目中的理想课堂教学主题
2017 年上	精术业，积素养，树师表，铸匠心	活动一：百思一解——青年教师解题能力大赛 活动二：百虑一得——青年教师命题能力大赛 活动三：百家争鸣——教师技能名专家讲座 活动四：百舸争流——青年教师片段教学比武
2017 年下	实在常规，赢在课堂	活动系列一：实在常规 活动一：“实程”实议——集体备课展评 活动二：“实思”求是——教学反思总结 活动三：真情“实感”——听课心得随笔 活动四：沙场“实战”——中高考真题测试 活动系列二：赢在课堂 活动一：名师有范——教研组长观摩课 活动二：蓓蕾初绽——青年教师诊断课 活动三：师徒携手——青蓝工程汇报课 活动四：锦心绣口——首届教师说课大赛
2018 年上	让学习真实地发生	活动一：“读书・反思・成长”读书征文评选 活动二：“我的教育教学故事”分享会 活动三：优秀教案、优秀作业批改展评 活动四：党员教学示范周 活动五：初三教学督导周(另附方案) 活动六：高三教学督导周(另附方案)
2018 年下	上一堂属于学生的好课	一个“中心” “两主”理念 备课“三问” “四有”课堂 “五维”评课

续表4-7

年份	主题	活动内容
2019 年上	走在教书的路上	活动一：名师课堂　以教启智 活动二：解题大赛　且行且思 活动三：教学比武　以赛促培 活动四：青蓝工程　继往开来
2019 年下	立足“四新”背景强研究 聚焦课堂教学提质量	“四新”课堂展示活动
2021 年上	“观课议课”教研革新， “切磋琢磨”同在共行	活动一：教研革新　骨干先行 活动二：自助助人　同在共行 活动三：观议实践　小试牛刀 活动四：再观再议　巩固提升
2021 年下	基于素养 聚焦“双减”为每一位学生的学习而设计	活动一：“好书相伴”读书活动 活动二：青年教师教学竞赛 活动三：深度学习课堂展示(含教学开放日活动) 活动四：优化作业设计大赛 活动五：现场教学设计大赛 活动六：“课堂文化金点子”有奖征集活动
2022 年上	“教”以共进 “研”以致远	活动一：“可否这样教”——匠心初现，洞幽烛远 活动二：“假如我来教”——匠心重建，缘木求真 活动三：“未来如何教”——匠心独运，着手成春
2022 年下	立足四新 以学定教 提质增效 争创佳绩	活动一：高三分学科教学研讨会 活动二：青年教师片段教学赛 活动三：初三分学科教学研讨会 活动四：试卷讲评研讨会 活动五：青年教师论坛
2023 年上	聚焦核心素养 践行整合教学 赋能专业成长	活动一：师徒结对交流会 活动二：学科文化节活动 活动三：督导课汇报交流会 活动四：单元整合教学示范课 活动五：学科核心素养展示课 活动六：初三、高三分学科考前指导研讨会

续表4-7

年份	主题	活动内容
2023 年下	聚焦"双减"精教研，落实"品质"提素养	活动一：课堂启示　送课下乡 活动二："解"出能力"题"现风采 活动三："讲"出智慧"题"练精彩 活动四："命"出新意"题"出增效 活动五：青年教师汇报课 活动六：教学开放日 活动七：初三、高三研讨会 活动八：专家讲座
2024 年上	作业设计显"双减"，"五有四化"铸非凡	活动一：启动仪式 活动二：各教研组组内研修 活动三：教研组评比 活动四：现场展示、专家点评

通过每一学期围绕特定主题开展教学主题活动月系列活动，学校不仅能够确保活动内容的系统性和连贯性，还能有效地帮助教师逐步深化对教育教学理念的理解和实践。这种有计划、有组织的主题活动月形式，为教师提供了一个良好的学习和交流平台，促进了他们在教学方法、教学技巧以及教育理念上的不断创新和提升。

每个教学主题活动月都围绕一个明确的主题展开，如"注重学科核心素养，探究有效教学策略""实在常规，赢在课堂"等。这样的设置使得教师在参与活动时能够有一个清晰的目标和方向，从而更好地投入到学习和实践中去。同时，主题的选择也体现了学校对当前教育发展趋势的敏锐洞察和积极应对，有助于推动学校教育教学工作的不断发展和进步。此外，教学主题活动月还注重活动的连贯性和系统性。每个主题都会在不同的学期中得到持续的关注和深化，使得教师能够逐步加深对教育教学理念的理解和实践。同时，学校也会根据教师的反馈和需求，不断调整和优化活动内容和形式，确保活动能够真正满足教师的需求，促进他们的专业成长。

总之，开展教学主题活动月系列活动对于提升教师的教学水平、推动学校教育教学工作的发展具有重要意义。

2. 课堂探索品质化

2023 年，学校开始致力于“五有四化”高品质课堂探索，教学开放日活动成功举办，近七百名专家、教师、家长走进校园，直播课程吸引了八千余人线上观看。以下是周南梅溪湖中学入“五有四化”主题式教学的实施方案。

(1)总目标。

“五有四化”主题式教学品质课堂建设实验校实施总目标包括五项素质、四项能力、三个面向和两个服务。

①五项素质。学生的五项素质包括学科素质、能力素质、道德素质、心理身体素质和行为素质养成。

②四项能力。学生在学习中需要具备的四项能力包括自主学习能力、合作学习能力、创新实践能力和自我发展能力。

③三个面向。学校教育需要面向全体学生、面向未来、面向生活实践。

④两个服务。学校教育要服务学生成长和家庭社会。

(2)分阶段的工作任务。

①准备启动阶段(2023 年 11 月—2023 年 12 月)。

查阅学习“五有四化”主题式教学的相关文献和研究成果，深入学习“五有四化”主题式教学的内涵；编制针对周南梅溪湖中学教学现状的调查问卷；建立“五有四化”主题式教学的品质课堂建设实验核心组。

②实施推进阶段(2024 年 2 月—2024 年 12 月)。

以学科组为单位，根据学科特点和学情，对改革课堂教学、构建特色课程、创新教学评一体化、促进信息技术与学科融合、培育核心素养和提升教师专业发展方面深入研究，学科组集中研讨，教学实验开展，及时保留研究资源，做好观察记录、个案记录，整理案例集，形成阶段成果。语文组、历史组、英语组先上实验课，开发资源包并具体实施，进行对比研究，搜集资源包使用前后的相关数据，从而推广并带动其他学科组课堂改革。

③展示总结阶段(2025 年 2 月—2025 年 11 月)。

各学科组汇报实验经验和不足，展示和评估实验成果，完善实验课堂评估量表和问卷，运用 Excel 和 SPSS 对相关数据进行差异性和相关性分析，评估研究成果，做出相应调整，做好实验的效果预估与评估结果运用研究；实践检验与持续完善，最终形成“五有四化”课堂，为后续实验做相关准备。

（3）学校拟提供的保障。

①组织保障。成立长沙市周南梅溪湖中学“五有四化”主题式教学品质课堂建设实验校推进领导小组，由吴伟校长担任领导小组组长，校级领导担任组员。

②人员保障。九大学科教研组长、名师工作室首席名师、学科带头人及优秀骨干教师为核心成员。

③制度保障。建立、完善相关工作制度、考核评价制度。

④经费保障。由学校提供经费保障。

⑤推广保障。组织全校教师集中或分组进行专题学习；以教学主题活动月为载体推进落实及考核评价，借助主流媒体、官网、官微、名师工作室等多个平台强化宣传推广。

⑥措施保障。

培训。聘请专家面向全体教师进行培训讲座，各教研组进行学科主题研讨。进一步落实“五有四化”理论吸收。

转化。各教研组、备课组结合学校特色及本学科具体特点，形成各学科推进方案。以教学主题活动月为载体，推出相关课例，组织研讨并聘请专家指导。

改进。在专家指导意见下，各学科进行研讨反思总结，进行第二阶段课例及其他成果展示。

成熟。结合各学科组教学成果，形成周南梅溪湖中学“五有四化”主题教学品质课堂范式。

推广。各学科推广并不断改进，形成序列化教学成果，完善校本教研资源库，搭建特色课程体系。

提升方式多样化。对于教师教学水平的提升，学校从课题研究、校本教材编写、校本课程实施、寒暑假教师作业的布置及落实、论文的撰写指导及要求等方面推进，实现提升方式多样化。近 5 年，学校完成了 1 个国家级课题、1 个省重点课题、2 个省规划课题等 13 个课题的立项及结题；编写了《梅文化》《垃圾的分类与处理》《劳动教育》等校本教材 18 本；《梅文化》校本课程获得湖南省普通高中校本课程评比二等奖、长沙市一等奖；每年的教师寒暑假作业都能够装订成 5 到 6 大本，并给予奖励；每年教师获得各级各类奖励的教育教学论文 100 多篇。

教师培训全员化。古人说，梅具四德，梅蕊初生为元，开花为亨，结子为利，成熟为贞，梅生命的全程合在一起就是“元亨利贞”。《周易》第一卦《乾卦》的“卦辞”，即：乾，元亨利贞。以元为仁，亨为礼，利为义，贞为正，称为“四德”。这便赋予了“元亨利贞”道德规范的含义。学校根据“梅具四德”的理念，实施了教师队伍建设四大工程：领雁工程——名师工作室建设（名师引领）；匠心工程——教育教学科研（个人研修）；雏凤工程——未来教师成长联盟（同伴互助）；砺金工程——教研组建设（团体孵化）。这四大工程实现了教师培训的差异化和全员化。

教师激励制度化。学校建立了一整套教师绩效考核的办法，包括现实表现、德育教育、教学、教育科研四个方面，并以相应的总成绩作为教师年度、学期的考核结果，以此为依据评价教师。奖励机制方面，学校形成了以“梅”为主体的教师奖励评比体系，每年评出以“梅”命名的系列奖励，包括傲梅·魅力教师 10 人，润梅·德育能手 10 人，育梅·教学能手 10 人，寻梅·科研能手 5 人，勤梅·服务标兵 5 人，青梅·教坛新秀 5 人，护梅·安全标兵 5 人，在每年的教师节庆祝活动中，由学校隆重奖励。

建立和完善教师成长科学发展机制是非常重要的。这不仅可以激发学校教师的内在动力，提升教育教学水平，还可以增强学校的整体实力，提高学校的办学水平和社会声誉。

（二）学生活动

为贯彻落实教育部提出的“双减”政策和“五项管理”规定，全面落实立德树人的根本任务，进一步丰富校园文化生活，构建和谐育人环境，增强校园学科文化品质，提升学科核心竞争力，促进学科可持续发展，彰显学科文化特色及全力培养学生的学科兴趣和探索精神，让学生发现、感受、创造、展现学科文化，拓宽学生视野，为学生提供学习平台，从 2022 年秋季学期开始，学校开展了学科文化节活动。

学科文化节活动作为一个综合性的平台，为学生提供了发现、感受、创造、展现学科文化的机会。通过参与活动，学生能够更深入地了解学科知识的内涵和外延，拓宽视野，提升学科素养。同时，活动也为学生提供了学习交流的平台，促进了学生之间的合作与竞争，激发了他们的创新精神，提高了他们的团队协作能力。

在学科文化节活动中，学校充分利用各种资源，设计丰富多彩的活动形式。例如，举办学科知识竞赛、学科讲座、学科展览、学科实践等活动，让学生在轻松愉快的氛围中感受学科文化的魅力。此外，学校还邀请学科领域的专家学者来校进行指导交流，为学生提供更广阔的学习视野和更深入的学科理解。

通过学科文化节活动的持续开展，学校不仅可以提升学生的学科兴趣和探索精神，还能有效促进学生的全面发展，为学校的学科建设和文化发展注入新的活力。

表 4-8 为 2022 年学科文化节各年级各学科的活动安排。

表 4-8　2022 年学科文化节各年级各学科的活动安排

学科	活动项目	负责部门
初中语文	“‘腰’约少年与尔共读”书腰设计大赛	初一语文组
	“追思先贤，传承民俗”清明节主题活动	初二语文组
	最美卷面书写比赛	初三语文组
高中语文	高一语文学科素养大赛（试卷）	高一语文组
	“经典咏流传”诗歌朗诵比赛	高二语文组
初中数学	“我是神算手”现场竞赛	初一数学组
	“平行四边形”思维导图制作赛	初二数学组
	公式大赛	初三数学组
高中数学	数学规范答题大赛	高一、高二数学组
	分享的数学活动——“好题分享”“学法分享”“故事分享”	高中数学组
初中英语	演讲比赛	初中英语组
	传统文化与英语融合知识竞赛（试卷）	初一、初二英语组
	传统文化与英语融合阅读赛（试卷）	初三英语组
高中英语	演讲比赛	高中英语组
	传统文化与英语融合知识竞赛（试卷）	高中英语组
生物	初一生物知识竞赛（试卷）	初一生物组
	初二生物知识大比拼	初二生物组

续表4-8

学科	活动项目	负责部门
地理	初一地理知识竞赛(试卷)	初一地理组
	初二地理知识大比拼	初二地理组
物理	初二纸质模型搭高竞赛	初中物理组
	高一飞机模型大赛	高一物理组
化学	初中思维导图竞赛	初中化学组
	高中实验操作竞赛	高中化学组
历史	初一漫画说历史	初一历史组
	高一、初三思维导图	高一、初三历史组
	初二历史知识竞赛(试卷)	初二历史组
	高二图说历史	高二历史组
政治	凝聚班级文化，弘扬集体精神——初一年级班徽设计大赛	初一政治组
	时光流转中的民族精神——讲演比赛(线上)	初二政治组
	奋斗正青春　青春献给党——献礼党的二十大海报设计	高一政治组
	逻辑思维的运用(试卷)	高二政治组

丰富多彩的学科活动，可以帮助学生拓宽学习视野，发展学习兴趣，提升学习品质，促进个人成长，为培养学生的学习兴趣和探索精神提供平台，使学生成为紧跟时代潮流的社会主义建设者和接班人。

【附学科文化节活动新闻】

历史学科活动周之“三行情书”

三行诗起源于文艺复兴时期，如诗人但丁的名著《神曲》便广泛运用了三行诗这一诗歌体裁。后来，日本汉字协会为推广汉字教育而举办“三行情书”比赛，21 世纪风靡于网络和各大高校。“三行情书”往往以某事物为主题，按韵律排列为三句，语言简练精致，风格清新唯美，内容饱满新颖，用以表达对牵挂的人的感情以及对往事的追忆。

本次“三行情书”大赛(图 4–9)旨在点燃周梅学子对历史的热爱之火，让情感在历史的长河中流淌，感受平凡日子里的温暖与敬意。学校期望通过这一活动“激活”学生的历史思维，让历史的智慧照亮现实，指引未来。学校结合学生实际，最终确定以“探寻身边历史，提升感悟能力”为主题开展活动。同时，也希望通过此次活动，进一步繁荣校园文化，营造出一个和谐、互助、充满诗意的学习氛围。结合学生生活实际，我们精心选择此次活动主题，鼓励学生从身边小事出发，发现历史的痕迹，感悟生活的真谛。相信在这次大赛中，学生一定能展现出自己的才华与创意，书写出属于自己的精彩篇章。

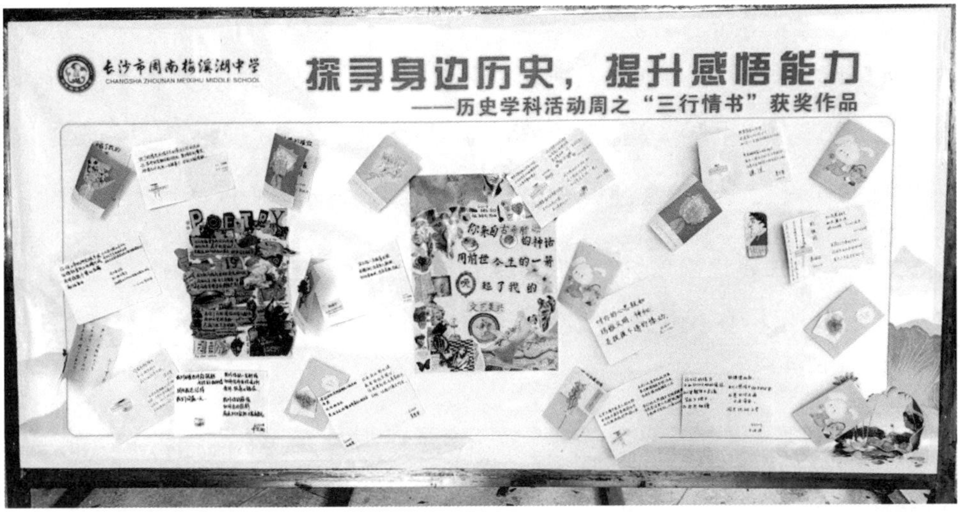

图 4–9　初中历史“三行情书”作品展

本次活动的主要参与者是高一年级全体学生和高二历史方向班级的学生。学生在参与过程中，紧扣历史知识点，积极探索历史事件的内核，采用多种形式展开创作，展现出了个人的独特风采。经过两个月的悉心准备和层层选拔筛选，评选出特等奖 6 组、一等奖 25 组、二等奖 19 组、三等 17 组，优秀组织奖 G2201 班、G2203 班、G2112 班。

本次“三行情书”大赛学生热情参与。学生在创作过程中，紧密围绕历史知识点，深入挖掘历史事件的内核，通过独特的视角和感悟，将历史与情感相结合，创作出了一幅幅动人的作品。

高一年级的学生作为新生力量，展现了极高的创作热情和活力。他们从历史课本出发，结合自己的生活体验，用三行简短的文字表达了对历史的敬意和对生活的热爱。高二历史方向班级的学生则更加深入地挖掘了历史事件背后的故事，通过细腻的笔触和深刻的思考，将历史的厚重感和情感的深沉表达得淋漓尽致。

在创作形式上，学生也展现出了多样化的特点。有的以诗歌的形式，通过优美的词句和韵律，将历史与情感融为一体；有的则以散文的形式，通过平实的语言和真挚的情感，让读者感受到历史的温度和生活的美好。

此次活动不仅提升了学生的历史感悟能力，也锻炼了他们的创作能力和表达能力。在探寻身边历史的过程中，学生更加深入地理解了历史的内涵和价值，也更加珍惜和感恩生活中的点滴温暖。同时，活动也进一步推动了校园文化的繁荣和发展，为营造和谐、互助、诗意的学习氛围奠定了坚实的基础。

法律知识竞赛学科节活动成功举办

为提高学生的法律意识，增强学生学法、用法和守法的积极性，周南梅溪湖中学2023年5月12日晚上举行了“与法同行，一‘战’到底”法律知识竞赛学科节活动（图4–10）。

图4–10　法律知识竞赛学科节活动现场

此次知识竞赛活动由高二年级政治组牵头组织，参赛对象为高二年级政治高考班的学生。竞赛形式多样，分为必答题、抢答题、选答题、学生观众答题四个环节；且内容丰富，涉及合同法、侵权责任法、继承法和消费者权益保护法等法律知识，在考查学生法律知识掌握情况的同时引导学生树立正确的法治观。

法律知识竞赛在主持人的开场白中拉开了序幕，现场气氛热烈。参赛选手们准备充分，答题认真，从容不迫地在四分钟内完成了小组必答题，充分展示了扎实的理论功底。抢答题环节选手们反应迅速，“321，开始”，话音还未落下便有选手已经抢答成功，场面十分激烈，为在场观众上演了一场脑力与手速的大比拼。选答题环节挑战与机遇并存，参赛选手们在组内展开了激烈讨论，前两轮取得优势的队伍稳打稳扎，分数落后的队伍危中寻机，现场气氛愈发紧张激烈。进入学生观众互动环节，现场学生踊跃参与，竞相作答，欢呼声“燃爆”全场，为此次比赛再添了一份趣味。

经过一个小时的激烈比拼，最终2号队以10分的优势荣获特等奖，1号队、3号队、5号队荣获一等奖，4号队、6号队、7号队荣获二等奖。

此次知识竞赛在不失趣味性的同时也丰富了学生的法律知识，加强了学生自主学习、团结协作的能力。学生也纷纷表示“活动很有趣，玩得很开心，对相关法律掌握也更牢固了”。

四、“梅香馥郁，敬业乐业”的榜样文化

教师是立教之本、兴教之源，从周南梅溪湖中学2014年建校至今，一直聚焦高质量教师队伍建设，锻造出一支师德高尚、技艺精湛的高水平师资队伍，成为学校高层次、高质量办学的核心动力。为进一步提升教师的专业素养和教学能力，建立和完善教师成长科学发展机制，充分发挥省市名师示范、引领和辐射作用，学校根据教科研需求，成立了五个学科名师工作室，分别为：周南教育集团姚灿中学英语名师工作室，周南教育集团孙赛男初中历史名师工作室，秦兰静英语名师工作室，喻彬德育名师工作室，劳动教育工作室。

以下是部分名师工作室活动开展情况。

（一）名师工作室活动开展情况

以秦兰静英语名师工作室和周南教育集团孙赛男初中历史名师工作室为例展开介绍。

1. 秦兰静英语名师工作室

秦兰静英语名师工作室的重心工作围绕三点展开。

（1）着眼课题，聚焦教学，锐意进取。

秦兰静英语名师工作室的重心工作就是积极推进课题研究。2023 年，以《深度学习背景下高中英语单元整体教学的路径研究》这一课题为主。工作室全体成员，以备课组为单位，以一个学期为周期，分别组织了基于教材的单元整体教学课例探究和基于试卷讲评的单元整体教学课例探究。在上课结束之后，授课教师对自己的教学设计进行深度反思，并在工作室组织的专题分享会上，共享智慧的结晶，力求在下一次单元整体教学设计中有更清晰的思路和更好的教学效果。基于目前的教学研究，单元整体教学还属于起步和摸索阶段，工作室的教师在这方面敢于尝试，不惧困难，慷慨分享，团队在集思广益的和谐氛围中，对单元整体教学保持探索热情，并不断累积经验。

具体来说，围绕课题，各备课组推出相关主题的公开课。高三备课组推出 9 堂公开课；高二备课组推出 13 堂公开课；高一备课组推出 11 堂公开课。

（2）勤思精研，共同发展，辐射引领。

2023 年，工作室积极参与对外交流、教研帮扶和专题分享，主要围绕工作室的研究重心，分享心得，引领辐射，具体大事件如下：

①2023 年 5 月，作为长沙市高中英语教研基地，工作室代表在 2023 年普通高中新课程教材实施国家级示范区建设工作总结交流会上展示课（图 4–11）。

②2023 年 11 月，工作室代表参加了长沙市高中英语学科教研活动并做主题分享。

③2023 年 12 月，工作室承办了湖南师范大学国培之山西省朔州市高中学段英语卓越教师交流活动，工作室代表上公开课两节，秦兰静老师做专题分享（图 4–12）。

长沙市教育局

关于组织召开 2023 年普通高中
新课程新教材实施国家级示范区建设工作
总结交流会的通知

湖南湘江新区、各区县（市）教育局，各普通高中学校（含子弟、民办）：

为深入推进我市“普通高中新课程新教材实施国家级示范区”建设，全面总结展示“双新”建设典型经验，提高普通高中教育教学品质，促进高中育人方式变革，经研究组织召开 2023 年度建设工作总结交流会，现将有关事项通知如下：

一、会议主题

提高新课程执行力，助推高中育人方式变革

二、会议时间

2023 年 5 月 6 日（星期六）

三、会议地点

长沙县第一中学

— 1 —

第二阶段：课例展示(14:00-17:00)（线上+线下）

参加人员：市教科院专家、各普通高中学校学科教师(每校2人）。(每学科20人，共计300人左右)

科目	学校	年级	节次	上课时间	执教者	上课地点	是否直播	机位
语文	长沙县一中	高二	5	14:00-14:45	尹诗慧	敦行楼2112	否	
	明德中学	高一	6	14:55-15:40	李新新	敦行楼2203	是	1
数学	明德中学	高二	5	14:55-15:40	陈亚凡	三楼录播室2101	是	2
	雅礼中学	高三	6	14:00-14:45	姜　兴	三楼录播室2002	是	2
英语	周南梅溪湖中学	高二	5	14:00-14:45	唐　穆	敦行楼2203/2109	是	1
	长沙县一中	高一	6	14:55-15:40	郭翠琼	敦行楼2213	否	
物理	长沙市实验中学	高二	5	14:00-14:45	尹向长	四楼录播室2110	是	3

图 4-11　工作室代表唐穆老师在 2023 年普通高中新课程教材实施研讨活动现场

④2023 年 8 月—12 月，工作室先后与周南启明学校、邵阳市隆回一中、长沙市汽车工业学校、望城六中、广西南宁市华侨高中等单位交流，工作室代表上公开课，秦兰静老师先后做专题分享。

(3) 以生为本，学科育人，传承创新。

工作室的老师在这一年中，无论是专业素养还是理论水平，都有长足的进步，2025 年工作室希望继续以名师公开教学、研讨会、报告会、专题讲座等形式向外辐射，示范引领学校甚至更大范围教学质量的提高和教师的专业成长。工作室会进一步推进建立成员成长电子档案，提高工作室成员教育教学、教科研能力、水平，记录并促进学员、名师的专业发展；继续建设工作室专题网络平台，特别要专注于突破高水平的现代教学资源库方面的建设；进一步加强优秀教案、教学设计、论文等汇编工作，形成高质量的文集，在教育类报刊上发表或出版，助力凝练名师教学主张；进一步借助网络教研平台，形成网络教研机制，使教研活动有效化、常态化。

湖南师范大学

关于赴长沙市周南梅溪湖中学秦兰静英语名师工作室交流学习的函

长沙市周南梅溪湖中学秦兰静英语名师工作室：

湖南省外语基础教育研究中心（以下简称中心）是湖南省高等学校哲学社会科学重点研究基地，中心依托世界一流建设学科——湖南师范大学外国语言文学学科，聚焦外语教育和乡村外语基础教育等重大现实问题，积极创新外语教师教育模式，以培养符合新时代要求的高质量外语教师。

贵工作室拥有优秀的外语教学团队、先进的外语教学理念，以及丰富的外语教学方法，在教学及教研方面取得了丰硕的成果。为学习贵工作室英语教学实践经验，深入了解核心素养在英语课堂的有效落地，我中心承办的山西省朔州市高中学段英语卓越教师培训班拟于 2023 年 12 月 21 日上午赴贵工作室交流学习。

本次参观学习活动的全部费用均由我们承担，望予以接洽为盼！

湖南省外语基础教育研究中心

2023 年 12 月 20 日

图 4-12　工作室承办湖南师范大学国培之山西省朔州市高中学段英语卓越教师交流活动

2. 周南教育集团孙赛男初中历史名师工作室

2023年，周南教育集团孙赛男初中历史名师工作室站在更高的平台上，一群志同道合的伙伴，继续奔跑在共同理想的路上。一路走来，串串脚印清晰可见，忙碌、充实、反思、提升，是对这一年最美的诠释。虽是风雨兼程，却满怀憧憬与期待的别样情怀。一年来，在各级领导和专家的关心支持下，工作室全体成员不忘初心，团结努力，步履坚实，各项工作有序开展，伙伴们用汗水书写着过程的印迹，共赴心中的热爱。

（1）我们从春天出发。

2023年，18位教师秉着立德树人的初心走到了一起，从“我”到“我们”组成了一个大家庭，工作室全体成员抱团成长、众行致远，成员们倡导且行且思，且行且悟，知行合一，致力打造有温度有深度的历史课堂。

2023年3月1日，工作室正式启动，成员共同商讨制定了工作室三年发展规划和年度工作计划，明确了成员动态管理考核和工作室考核的细则，让每个成员发展有蓝图，工作可对标。

（2）立于皓月边，可增星光势。

工作室成立以来，开展了多次教师阅读、名师讲座、专家报告、外出研学、跨市交流等活动。

①读书积能，厚积底蕴。

书是教师最好的修行。为帮助成员通过读书的方式加速成长，厚积底蕴，工作室成员除研读《义务教育课程标准（2022年版）》新课标及相关解读书籍外，还重点研读《“义务教育课程标准（2022年版）”课例教学解读：历史》一书，同时组织了线上观摩、研讨等活动，工作室成员在工作之余，静心读书、书上留痕、笔尖有迹，从书中汲取成长的力量。

②专家引领，赋能成长。

有高度又接地气的讲座，更好地帮助工作室成员启智增慧。工作室通过各种联合研学的方式，组织了多次有高度、接地气的专家讲座。工作室上半年以“新课标背景下的中考复习”，下半年以“素养化背景下青年教师片段教学指导”为主题，进行了一系列的活动。工作室邀请了邓进平老师、代洁老师为工作室成员进行专业讲座，聆听了黄敏兰、唐亚洲老师的评课点拨，还邀请王柱根老师、刘蓉芳老师、陈爱林老师为工作室成员做了片段教学的系列讲座，邀请苏罗军老师、田品老师进行教学评一体化讲座，进一步点燃大家学习的热情，推动大家更多地关注理论学习，为工作室成员的专业成长赋能。

③问经取道，知深行远。

学习作为立身做人的永恒主题，在当今知识信息快速更新的年代，稍有懈怠，就会落伍。除了常态的读书学习外，工作室成员还坚持“走出去”，一年来，工作室成员参加了长沙市各个学校的开放日，与各级名师工作室联合进行研学活动，还积极参加各项培训活动，拓宽了视野，在交流共享中收获成长。

④知行合一，交流辐射。

因为热爱，所以常常闪现思想的火花；因为思想，所以人人都有存在的价值。工作室成员在工作室的成长不是“终止符”，而是在共研共思中共同前进。

“知之愈明，行之愈笃”。工作室的“送培到乡”“市内交流”“跨市交流”活动立足学情扎根课堂，在研课磨课授课的过程中，锤炼成员们的教学理论和教学技艺，丰富教学经验，助力学生成长。

交流旨在立足学情开展课例研讨，一起解决教学中的实际问题，提高教学能力，更好地满足学生的学习需求；同时搭建起城乡之间、校与校之间、市与市之间教师交流的平台，促进双方的相互学习和共同进步。

工作室的教研成果在专业网站、公众号上传，引领辐射。一年来上传资料超百份，阅读量 10 万以上（图 4–13）。

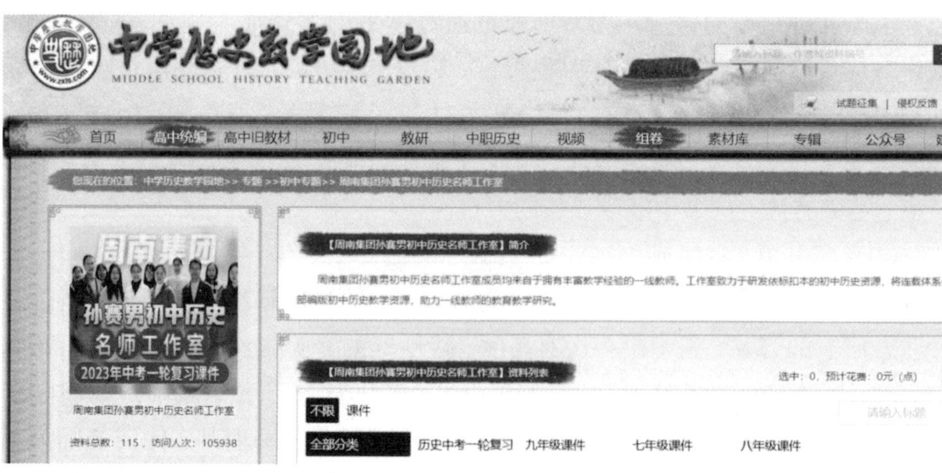

图 4–13　周南集团孙赛男初中历史名师工作室成果在专业网站展示

(3)冬暖万物藏，谈笑丰收事。

工作室以努力培养骨干教师和青年教师为己任，努力提供学习平台，助推每一位成员尽快成长，大家彼此见证提升，一起分享收获的快乐。工作室成员在学习中研究，在研究中实践，在实践中提升，一步一脚印，求真求实，求新求变，收获了满室的芬芳。

(4)以终为始，行必所至。

回顾过往，工作室在各项工作中不乏困惑与迷茫，也曾数次被学习工作难以兼顾、理论层次不够、科研水平不足等现状束缚。但成员们是行者，是学习者，只要心中有光，行路自有方！

工作室成员们携手同行，聚力向前，共同书写了一段段难忘的篇章。我们将继续俯仰拾取、学习提升，结伴同行，用温柔让历史教育有温度，用大爱让历史教育有情怀，用付出让历史教育有生命，善思、勤学、同研、共进，向着新的征程扬帆起航！

(二)学校展望

通过成立五个学科名师工作室，学校不仅为教师提供了一个学习、交流和成长的平台，也为学校的教研工作注入了新的活力。

这些名师工作室的成立，旨在发挥省市级名师的示范、引领作用，通过他们的经验分享，带动更多教师的专业成长。名师们可以在这些工作室中分享自己的教学方法、教育理念和实践经验，帮助其他教师提升专业素养和教学能力。同时，名师工作室也可以成为学科教研的基地，围绕学科特点和发展趋势，开展有针对性的研究和实践，推动学科教学的不断创新和发展。

在未来的征程中，学校也将坚定不移地成为工作室最坚实的后盾，全力支持并推动工作室各项活动的蓬勃开展，共同续写辉煌篇章。这份支持不仅体现在物质资源的倾斜上，更体现在精神文化的滋养与引领，确保工作室能够在创新与成长的道路上稳步前行。

资源配置优化：学校将优先为工作室提供必要的场地、设备、资金等支持，确保工作室能够拥有先进的工作环境和技术平台，满足各类创意项目和实践活动的需求。同时，学校还将积极协调外部资源，如学科专家、合作工作室等，为工作室引入更多资源和机会。

师资队伍强化：学校将组建由资深教授、行业导师组成的指导团队，为工作室成员提供专业指导和技术支持。通过定期举办讲座、研讨会等活动，提升成员的专业素养和实践能力，激发他们的创新思维和研究热情。

文化交流与合作：学校鼓励工作室加强与其他高校、科研机构的交流与合作，通过举办联合展示、学术论坛等活动，拓宽工作室成员视野，增进友谊，共同推动科研创新和专业进步。此外，还将支持工作室成员参与重要赛事。

总之，在未来的征程中，学校将全力以赴地支持工作室的各项活动，与工作室携手并进，共同书写更加辉煌的篇章。在学校的悉心培育和社会各界的广泛支持下，学校会继续保持这种良好的态势，为培养更多优秀人才做出更大的贡献。

第二节　学生行为特色文化

一、榜样特色：创设名学生工作室，培养有气度的“梅好”少年

党的二十大报告中指出，要加强和改进未成年人思想道德建设，培育时代新风貌。学校作为未成年人思想道德教育的主渠道，不仅需要名校长、名教师的榜样示范，更需要名学生作表率。自 2016 年起，周南梅溪湖中学在充分整合校内外教育资源的基础上，累计打造八个名学生工作室，聚焦培根铸魂、价值引领、实践育人，帮助未成年人“扣好人生第一粒扣子”，多举措推进未成年人思想道德建设，不断开创未成年人思想道德建设工作新局面，以学生为中心，以培养创新精神和实践能力为核心，为学生提供一个自主学习、自主实践、自主创新的平台。

（一）创“梅好”·立德树人有新举

1. 挖掘榜样，开设工作室

周南梅溪湖中学以名学生工作室为依托，为全体学生树立先锋榜样。名学生工作室的运作始终围绕学生的需求和发展来展开，确保学生在其中的主体地位得到充分体现；鼓励学生根据自己的兴趣和特长选择参与的项目，发挥主观能动性，实现个性化发展。目前，学校已创设八个名学生工作室（图 4-14）：“文加质观鸟护鸟工作室”“张峰源美德少年工作室”“温馨科技创新工作室”“吴谦美德少年工作室”“易佳星科技创新工作室”“吴文静女子足球工作室”“张云逸科技创新工作室”“石钰恺民族文化研究名学生工作室”。

创设名学生工作室，一是为了挖掘突出表现，树立一批典型标杆。

文加质观鸟护鸟工作室　吴谦美德少年工作室　温馨科技创新工作室　张峰源美德少年工作室
吴文静女子足球工作室、易佳星科技创新工作室　张云逸科技创新工作室　石钰恺民族文化研究名学生工作室

图 4-14　周南梅溪湖中学目前已创设的八个名学生工作室

（1）“最美孝心少年”张峰源。

2015 年，学校学生张峰源作为唯一一名学生代表获评长沙市教育系统道德模范，并作为长沙市 3 名少年之一获评湖南省第二届“最美孝心少年”。为进一步推树典型，更好地弘扬优秀品质，2016 年 10 月，学校决定成立“张峰源美德少年工作室”。以此为平台，张峰源同学团结和组织更多的学生投入到自发组织和学校组织的系列社会实践活动中。他组建了“寒梅墨香”志愿团队，多次组织爱心汇演慰问长沙地区的农民工，赢得广泛赞誉。张峰源同学本人也被共青团湖南省委聘为青年咨询团成员，作为全省年龄最小的成员，张峰源还受邀参加 2016 年 7 月 24 日召开的青年咨询团管委会扩大会议。另外，张峰源同学还应邀到麓山国际实验中学和湖南师大附中梅溪湖中学的“道德讲堂”作典型发言。

（2）“孝德典范”吴谦。

他，出生于雷锋家乡；他，幼年失怙、长兄身患残疾；他，勤学好问，品学兼优，乐善好施，自强不息……他就是吴谦，周南梅溪湖中学的一名学生，坚持不懈地在学习上向上，在理想信念上向善的新时代好少年。

继“张峰源美德少年工作室”成立后，2019 年 6 月，吴谦同学接过“美德接力棒”，成为“吴谦美德少年工作室”的负责人。

“命运以沼泽和荒芜相欺，吴谦，这个年仅 13 岁的少年，始终以拼搏和昂扬的姿态，温暖与坚强相待！”易波老师介绍，他是同学眼中的侠客，是家人心中的支柱，他处处向上向善，用实际行动为我们诠释了新时代好少年的内涵，生动体现了信念的能量、大爱的胸怀和进取的锐气。

吴谦同学继续发扬学校名学生美德少年工作室的优良传统，团结和组织同学积极开展社会实践活动，在全社会传播周梅学子的爱与正能量。

(3)“民族文化传承人”石钰恺。

铸牢中华民族共同体意识是国家统一之基，民族团结之本，精神力量之魂。学校作为“湖南省铸牢中华民族共同体意识示范学校”，充分利用自身优势，推出“民族文化研究名学生工作室”特色德育品牌，以“名学生”带动民族文化研究，铸牢中华民族共同体意识，弘扬民族团结精神。

学校 G2303 班石钰恺同学是土家族人，其政治觉悟高、民族意识强、成绩优异。他爱好书法、足球、篮球、长跑，曾荣获市级书法比赛一等奖，获评区级三好学生。石钰恺同学十分关注少数民族的民俗、饮食等文化，常去云南等地区交流，学习并弘扬民俗文化。为进一步铸牢中华民族共同体意识，推进学校民族文化研究，也为全校学生树立典型榜样，促进学校涌现更多热爱民族文化的优秀学生，2024 年 1 月，经学校研究，决定成立“石钰恺民族文化研究名学生工作室”，并聘请学校优秀教师代表梁倩老师担任指导老师。

在学校第三届传统文化节游园会中，石钰恺同学活跃在民族文化展区，为同学们宣讲民族文化，身体力行地号召全体同学积极加入“石钰恺民族文化研究名学生工作室”，珍惜学校的优质资源，深入学习、研究民族文化，促进民族团结和融合，推动中华民族成为认同度更高、凝聚力更强的命运共同体。

二是为了根据学生特长，为学生的梦想保驾护航。

学校为勤于观察、爱好自然的学生文加质开设了“文加质观鸟护鸟工作室”；为顽强拼搏、不懈奋斗的女足队员吴文静开设了“吴文静女子足球工作室”；为大胆创新、勇于实践的温馨、易佳星开设了“温馨科技创新工作室”“易佳星科技创新工作室”。

(1)“观鸟小妞”文加质。

2016 年 5 月，“文加质观鸟护鸟工作室”在周南梅溪湖中学成立。这是湖南省首个以学生名字命名的学校工作室，是全省乃至全国第一个中学生科学工作室。“成立这个工作室的目的就是希望唤醒全社会共同保护候鸟，同时号召身边更多的同学来爱鸟、护鸟。”首任校长叶双秋说，“观鸟是一种非常有益的生态环保活动，我们希望在文加质的带领下，能让更多的孩子热爱自然，热爱生命，快乐成长。”回顾文加质的成长经历，堪称“另类”。冬天，扎营在黑龙江原始森林里蹲守普通鳾；夏天，在法国埃菲尔铁塔下拍下小嘴乌鸦的身影……她去过国内外很多的湿地、湖畔，拍下了十万多张鸟类素材照片，观察记录下了三百多种鸟类……

2015 年，11 岁的文加质在参观长沙规划展示馆时，发现其对长沙野生鸟类的介绍有多处存在“问题”。回家后，她查阅资料，咨询鸟类专家，最终确认有 6 处介绍错误。“当时长沙规划展示馆展出的一张图片说明为‘白鹤’，实际上是‘白鹭’，还有‘棕腹大仙鹟’标成了‘八色鸫科’，‘海南虎斑’应该是‘海南虎斑鳽’……”文加质就此给当时的长沙市市长写了一封信，希望长沙规划展示馆能够更正。

当时，11 岁的初中生大胆给长沙规划展示馆挑错并写信给市长的事件，引起了媒体的关注。湖南师范大学动物学教授、鸟类专家邓学建看过文加质的信后，对她的质疑表示了肯定。随后，长沙规划展示馆根据专家意见对错误内容进行了更改。

“研究和保护鸟类并不会影响我的学习，反而提高了我的学习效率。”文加质希望自己以后能成为一名生物科学家。从“观鸟达人”到“护鸟达人”，观鸟行动让文加质获得了和很多同龄人不一样的快乐，也让她亲眼见到了一些人对鸟儿的杀戮，从而更加强了她对环境和自然保护重要性的认识。

目前，“文加质观鸟护鸟工作室”已经组织了大量观鸟活动，记录了大量生动真实的数据，在学校的支持下，工作室成员还在网上建立了“梅溪湖鸟类资源馆”，挂靠在学校官网，展示他们的观察成果和梅溪湖地区的鸟类资源，吸引了越来越多的同学参与。

周南梅溪湖中学这一创新举措被《中国教育报》以“这个工作室的主人才上初一”为题进行头版报道，新华网、中国新闻网、《长沙晚报》、《湖南教育网》以及今日头条等众多新闻媒体相继报道。文加质同学也当选为 2016 年度湖南教育十大新闻人物。

(2)“足球女将”吴文静。

作为学校女子足球初中主力队员，初中部 C1710 班吴文静在绿茵场上是一朵“铿锵玫瑰”。这名“绝对主力”和队员们一起参加了许多比赛，获得 2017 年全国青少年足球冠军杯赛一等奖、2019 年全国高铁城市杯亚军、2018 年湖南省青少年女足精英赛冠军、长沙市足球四级联赛初中女子组冠军等众多荣誉。虽然是体育特长生，但吴文静学习也很“拼”，深受同学们“膜拜”。“吴文静女子足球工作室”为周南梅溪湖中学的女同学特别是足球爱好者提供一个专注于足球技能提升、团队合作培养以及个人成长的平台。

通过专业的指导和训练，工作室成员可以在工作室中系统地学习和提升足球技能，如传球、射门、控球、防守等。技能的提升不仅有助于她们在比赛中取得更好的成绩，还能增强她们的自信心和成就感。足球是一项团队运动，需要球员之间的默契配合和团队协作。在工作室中，成员们学会如何与队友沟通、协作，共同面对挑战。团队合作能力的培养有助于她们在未来的学习和生活中更好地适应集体环境，提高协作效率。“吴文静女子足球工作室”的成立，有助于打破传统观念对女性参与体育运动的限制，提高社会对女性参与足球运动的认可度，为女性争取更多的体育资源和机会。对于热爱足球的初中女生来说，工作室为她们提供了一个交流和展示的平台。在这里，她们可以结识志同道合的朋友，共同分享足球带来的快乐。“吴文静女子足球工作室”的成立将丰富校园文化生活，提高校园体育活动的参与度。工作室通过举办比赛、交流活动等形式，有助于促进校园文化的繁荣和发展。

（3）“动手达人”温馨。

高中三年里，温馨同学获得了 28 项（国际级 2 项、国家级 5 项、省级 9 项、市级 12 项）大大小小的科技创新奖，是学校树立的科技创新典范，在科技创新方面具有独特的兴趣和爱好。她还被授予“长沙市优秀青少年科技创新人才”称号。

为了提高学生综合创新能力，勉励全体学生勤于思考、善于观察，激发学生的科技创新热情，2017 年 5 月，学校批准成立周南梅溪湖中学“温馨科技创新工作室”，引领学校科技创新活动，带领全校学生开展科技创新活动。

温馨作为第一作者、历经 10 多次修改的作品《大型水泥构件表面缺陷检测与标示装置》参与第 38 届湖南省青少年科技创新大赛，获省级一等奖。她个人申请 9 项国家专利，其中 1 项发明专利，已经有“一种多功能 LED 照明灯”“一种超声波风速风向测量装置”等 4 项获得授权。另外，她参与的“蒸馏实验的个性化装置”专利获 2017 年第一届中国（上海）国际发明创新展览会金奖；“智能超声波风力风速测量仪”获得 2016 年第九届国际发明展览会国际铜奖。

她带领全班同学，经过 3 个多月的时间，认真调查研究，写出来《以梅铸魂 同心筑梦——长沙市周南梅溪湖中学“梅文化”建设情况的调查与思考》的调查报告，获得 2016 年创新大赛省、市一等奖。温馨同学的事迹被《长沙晚报》、湖南卫视等多家媒体报道。

“温馨科技创新工作室”集结了一批热爱发明的学生，开展了科学实验、生物科技种植、野外科学考察、校园内的“梅文化”调查研究、科技发明、专利申请等一系列的科技创新活动，也培养了温馨、黄可迪、杨周凡、刘之洋、谭浩夫等一批优秀的科技创新人才。

(4)“创客小子”易佳星。

出门忘记带钥匙，通过手机微信就可以开锁，小偷撬门还会报警。2018 年 12 月，学校 G1805 班易佳星设计的“带有电子防盗报警的家用锁槽装置”在中国台湾高雄 KIDE 国际发明暨设计展上获得金奖。为了点亮更多学生的创造梦想，学校特意成立了以他的名字命名的“易佳星科技创新工作室”。

目前，易佳星同学已经申请了 4 项国家专利，其中 3 项已经授权，1 项发明专利，并获得 8 项国际金奖、2 项国际银、铜奖、7 项国家级奖、8 项省级奖励，如：2018 年 12 月，“带有电子防盗报警的家用锁槽装置”“可提高交通管理效率的人行横道装置”均获 2018 年中国台湾高雄 KIDE 国际发明暨设计展金奖；2018 年 10 月，“具有即时操作功能的野外消毒除湿箱”“手持式高精度微型收割机”获得第十届国际发明展览会国际金奖；2019 年 10 月，“电力塔架驱鸟装置”获得第七届澳门国际创新发明展国际金奖；2019 年 4 月，“考古专用车箱体”“具有自救功能的野外消毒保干装置”获得第三届中国(上海)国际发明创新展览会国际金奖；2019 年 5 月，“基于 GPS 功能的野外消毒除湿自救箱”获得第 118 届法国国际发明展览会国际铜奖；2019 年 11 月，“无线取电式电力塔驱鸟装置”获得第二十一届全国发明展览会金奖；2019 年 3 月，“基于北斗功能的野外消毒保干装置”获得“北斗杯”青少年科技创新大赛三等奖等。他还发表科技创新作品 4 篇，媒体报道 15 次，包括学习强国学习平台、中新网、人民网、今日头条、湖南卫视、湖南经视、湖南教育电视台等各级各类媒体。他的《出门忘带钥匙？手机微信也可开锁》一文刊登于 2018 年 12 月 13 日《人民日报》微信公众号，2018 年 12 月 17 日湖南卫视播出了以他的事迹为主要内容的《湖南中学生再获国际发明奖项》专题报道等。

在“易佳星科技创新工作室”，聚集了黄储、彭佳、徐子良、瞿卓、王烨熙等一批科技创新苗子。“现在我们团队已经有了好几个人，大家经常会在社团课上聚在一起分享各种脑洞大开的想法。”易佳星说，发明创造并不是自己一个人“闭门造车”，需要大家一起交流，才会让作品更完美。

(5)“科创能手”张云逸。

文加质、温馨、易佳星等同学相继进入大学后，学校在科技创新方面依旧人才辈出，尤其以G2107班的张云逸同学最为突出。

张云逸，从小就对世界充满好奇，总是向父母提出各种奇思妙想的问题。面对无法回答的疑问，父母总是引导他去书本中寻找答案。在解决问题的过程中，他逐渐培养了探索“为什么是这样”和尝试“换成那样可不可以”的兴趣，也进一步激发了他进行创新发明的热情。在家中，闹钟、电风扇等小物件都成了他拆装研究的对象，他相信只有将理论付诸实践，才能检验出正确的答案。

新冠病毒感染疫情暴发后，张云逸看到众多最美“逆行者”的事迹，尤其是医务工作者冲锋陷阵，舍我其谁的精神让他深感敬佩。因此，他开始思考，如何设计一种能够帮助医护人员的设备，以降低医护人员的感染风险。在指导老师的帮助下，他设计了一个能测量体温，并能检测到患者因咳嗽产生头部震动的传感器，通过手机App将信息即时传给医务工作者的“新冠病人专用枕头”。这项发明也获得了2022年伦敦国际发明暨贸易展金奖。

2021年7月，郑州遭遇特大洪灾，全国人民众志成城，共同抗击自然灾害。看到受灾的群众，张云逸发自内心地想贡献自己的一份力量。看到城市被淤泥覆盖，他突然想到可以利用物理老师讲过的超声波原理，发明一个辅助清除淤泥装置。学校指导老师鼓励他不断测试探索、提点修正，最终成功制作出了以无人机为载体的淤泥分布图测绘装置。这个项目荣获了长沙市青少年科技创新大赛金奖、长沙市第三十二届“友阿杯”童星大奖赛金奖，以及2022年第十届澳门国际创新发明展金奖。这两个发明都荣获第五届中国(上海)国际发明创新展览会金奖。

张云逸同学在2年多的时间内，获得7项国际金奖，7项国家、省市级奖励，申请了4项国家专利，其中2项发明专利，2项已经授权。被学习强国学习平台、中新网、湖南卫视、湖南教育电视台等各类媒体报道共计15次，并在“学习新思想　做好接班人”2022年湖南中小学生主题教育活动成果展暨颁奖典礼上被作为嘉宾隆重介绍。他说：“发明创造不但没有影响我的学业，反而激励着我刻苦钻研新知，为实现理想不断努力，矢志前行，不负年华！”

2023年5月，为了进一步推进学校科技创新工作，也为使张云逸同学能够更好地成长，推动学校出现更多的科技创新优秀学生，学校决定批准成立“张云逸科技创新名学生工作室”，归属学校创客工作室管理、指导，聘请肖荷花老师等多位优秀教师组成团队指导，并聘请校外知名专家为校外辅导员。

学校也鼓励全体同学向张云逸同学学习，并积极加入“张云逸科技创新名学生工作室”，珍惜学校的优质资源，提高自己综合创新能力，在各级各类竞赛中取得优异成绩。为学校争光，为自己创造更好的发展空间，成为德智体美劳全面发展的学生。

2. 加强管理，成立“顾问团”

为保障工作室良性发展，周南梅溪湖中学成立名学生工作室顾问团。顾问团由学校经验丰富的辅导教师组成，主要负责制定名学生工作室运行长效机制、提供场所及设备支持等工作。

“易佳星科技创新工作室”的辅导老师秦有才，特级教师，正高级教师，湖南师大化学化工学院兼职研究生导师。秦有才老师主持 20 余项课题研究项目，获得省级一等奖及其以上奖励 5 项，出版教材/著作 5 部，先后在 5 所高中或者完全中学辅导学生开展科技创新，取得了省级以上成果 200 多个、申请国际专利 200 多项，尤其是他在长沙市青少年宫的公益科普培训，形成了一套完整的发明创造课程体系。作为导师，秦有才老师以专业为引领，带动工作室开拓视野，纵深发展。

“张云逸科技创新工作室”的辅导老师肖荷花，是长沙市周南梅溪湖中学科技创新总辅导员、学校科技创新名师、周南集团劳动教育名师工作室名师、中学物理学科骨干教师、长沙市物理名师工作室成员、省科技创新优秀辅导老师。她自制的教具“大气压强的测量装置”获全国二等奖（湖南省最高荣誉），还曾获 2017 年湖南省教师工作坊现场教学竞赛一等奖、“一师一优课”两次省级优课、2016 年与 2021 年长沙市初中物理教师现场课堂教学竞赛一等奖，四次受省市级教师发展中心邀请送教送课下乡。她辅导学生获科技创新国际、国家、省市级奖励 100 多项，申请国家专利 30 多项，发表科技创新作品或论文 10 余篇，作为副主编参与编写由湖南电子音像出版社出版的《劳动实践使用手册》，获评了长沙市教育系统“青年文明号”的创客工作室号长。身为导师，她热心帮助、提点工作室学生，专业引领学生的全方位成长，带领学生参加各级各类科创竞赛，收获众多奖项，使学生得到了充分的历练与成长。

“石钰恺民族文化研究名学生工作室”的辅导老师梁倩，是一名优秀的中共党员，也是一位瑶族姑娘。她曾获长沙市人社局记功奖励和教育局嘉奖，获评“傲梅·魅力教师”，并被评为优秀共产党员，年年获评优秀班主任。她曾带领学生走进红色景点开展“有风景的思政课”等，荣获长沙市一等奖，曾获全国中学思政课教学基本功大赛二等奖，湖南省中小学（幼儿园）教师在线集体备课大赛一等奖，长沙市思政教师风采大赛一等奖，长沙市中小学思政课教师教学基本功展示二等奖，且受长沙市教科院邀请参加寒假公益课堂等。作为导师，梁倩老师身正示范，言传身教，于无声处，感染人、影响人、塑造人，引领工作室积极进取，向上发展。

由秦有才老师、肖荷花老师、梁倩老师这样的优秀教师组成“名学生工作室”的顾问团，在他们的指导下，学校对各工作室及其学生的发展情况进行综合分析与研判，为每位学生制定个性化的培养方案，以期让学生在掌握有效学习方法的基础上实现快速成长，助力名学生工作室规范化运行、精细化管理。

值得一提的是，为培养学生的自主能力，学校大胆放手，赋予“名学生”自主选择指导教师、选拔团队成员、组建工作队伍的权利，引导学生自我服务、自我管理、自我教育。对于“领头人”已经毕业的名学生工作室，学校鼓励团队成员自主竞聘，通过参加日常表现考核及答辩活动，争取开设“名学生工作室”的机会，以此鼓励更多学生看榜样、学榜样，营造良好的校园文化氛围。

3. 凝聚力量，培养“小达人”

科技创新教育是周南梅溪湖中学的一大亮点工作。目前，学校形成了以名师工作室为依托，以创客工作室为龙头，以名学生工作室为核心的科技创新教育工作模式。

学校成立了秦有才科技创新名师工作室，以此为依托，组织、指导学生开展科技创新活动。学校建立创客工作室（包括3D打印创新实验室、机器人创新实验室、生物数码互动实验室、生物科技种植园、室外劳动教育基地等），开展科技活动。在此基础上，学校以“文加质观鸟护鸟工作室”“温馨科技创新工作室”“易佳星科技创新工作室”等为核心，开展科技创新教育工作，着力培养一批科技创新“小达人”，形成学校科技创新教育特色。

以“文加质观鸟护鸟工作室”为例。学校发现学生文加质具有观鸟、护鸟特长以后，就创设了以她名字命名的湖南省第一个名学生工作室——“文加质观鸟护鸟工作室”，并组织学校特级教师、教科室主任、科技创新总辅导教师秦有才成立辅导团队。在教师们的辅导下，文加质及其团队成员快速成长起来，到初三年级时，文加质被评为湖南省十大教育新闻人物，高中时又选择在学校就读，2023 年以优异成绩被中央美术学院录取。

学校学生易佳星牵头研发的无线取电式电力塔驱鸟装置，获得第二十一届全国发明展览会金奖。作为学校科技创新之星，易佳星申请了多项国家专利，其工作室吸引了 40 多名科技创新爱好者一起开展科研活动。

学校第七个名学生工作室“张云逸科技创新名学生工作室”也斩获颇多荣誉，张云逸、林子皓、朱子颖、彭钰涵、周婉蓉等多名学生的发明作品荣获国家级、省级、市级奖励。在湖南省中小学生主题教育成果展暨颁奖典礼上，学习强国学习平台对张云逸做了专题报道。学校创客工作室荣获长沙市教育系统“青年文明号”称号。

4. 体教融合，逐梦“绿茵场”

2023 年 4 月 22 日，由长沙市教育局、长沙市体育局举办的 2022 年长沙市校园足球四级联赛，在周南梅溪湖中学落下帷幕。学校与湖南省青少年足球训练中心体教融合共建的女子足球队三战全胜，勇夺冠军。这也是周南梅溪湖中学连续三年获得此项殊荣。

周南梅溪湖中学女子足球队正式成立于 2015 年 9 月，是学校重点打造的特色项目团体。2017 年，湖南省青少年足球训练中心选择周南梅溪湖中学作为湖南省女足后备人才梯队的培养基地和省女子足球队的共建单位，从而以体教融合的方式加速推动了学校女子足球队伍的发展。

2019 年 11 月，学校成立“吴文静女子足球工作室”。作为学校女子足球主力队员，吴文静和队员们参加诸多比赛，获得 2017 年全国青少年足球冠军杯赛一等奖、2019 年全国高铁城市杯亚军、2018 年湖南省青少年女足精英赛冠军、长沙市校园足球四级联赛初中女子组冠军等多项荣誉。

目前，学校已形成小学—初中—高中女足梯队，各梯队均配备优秀教练团队，共有 9 名足球专业教练。其中，亚足联 A 级教练员 2 名、B 级教练员 3 名、C 级教练员 4 名。通过系统、专业、科学地训练，学校女足队员快速成长，学校也获评“全国青少年校园足球特色学校”。图 4-15 为周南梅溪湖中学女足队伍风采及训练场景。

图 4-15　周南梅溪湖中学女足队伍风采及训练场景

5. 积聚亮点，用好“辐射力”

名学生工作室是学校的德育品牌，自成立以来，收获荣誉颇丰。各工作室及其成员共获得 40 余项国际、国家、省、市级荣誉，获得社会各界的一致好评，并被《中国教育报》等 20 多家各级各类媒体报道。例如，图 4-16 为学校依托名学生工作室所获得的荣誉——由共青团中央青年发展部、中国青少年发展基金会颁发的“小平科技创新实验室”奖牌和由共青团长沙市教育局委员会颁发的“青年文明号”奖牌。

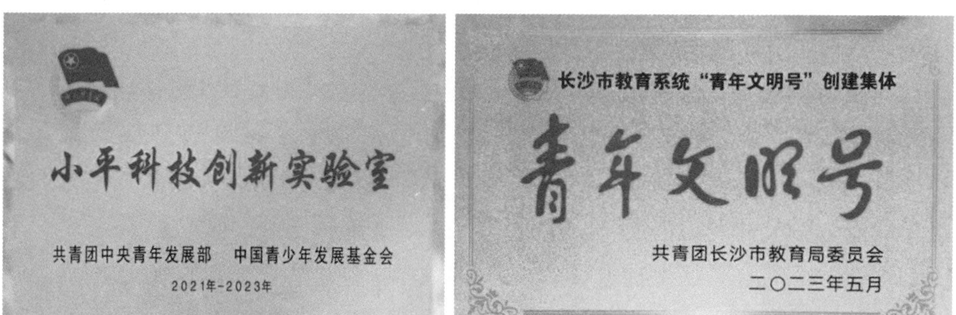

图 4-16　“小平科技创新实验室”奖牌与“青年文明号”奖牌

为用好名学生工作室的“辐射力”，延续“名学生”的学习探索精神、美好道德品质，学校充分利用宣传推介手段，与媒体、学生上下联动，形成了多渠道、多平台的宣传矩阵。一是通过国旗下讲话、主题班会等活动表彰、宣传名学生工作室，进一步营造崇德向善、见贤思齐的校园氛围，并鼓励所有学生参与其中。二是积极向媒体、公众交流展示名学生工作室建设经验及成果，形成有亮点、有特色、有活力的“名学生工作室”品牌效应。三是校内校外舆论宣传营造了浓厚的“乐学、善学、会学”氛围，激励人人争做名学生、争创个人工作室。

（二）铸“梅”魂 · 榜样育人掘亮点

亮点一：量体裁衣，定制个性化培养方案。

名学生工作室起设范围涵盖德智体等多个方面，学校对各工作室及其成员进行分析与研判，通过专门成立的顾问团为每位成员制定专属的培养方案，以期让每个学生都得到最有效的指导和最快速的成长。

亮点二：放管结合，培养自主探究型人才。

学校赋予名学生工作室学生极大的自主性，由名学生自主选择指导教师、选拔团队成员、组建工作队伍，进行自我服务、自我管理、自我教育。

亮点三：赓续力量，实行“竞聘制”新人选拔。

为了进一步激活名学生接续奋斗，对于“领头人”已毕业的工作室，学校允许现有成员通过日常考察与答辩考核相结合的方式自主竞聘，选拔出工作室新的代表人物，并以其姓名再命名该工作室，让榜样血脉一代代传承。

（三）绽“梅”彩 · 多重效应显成效

成效一：榜样引领，形成头雁效应。

周南梅溪湖中学注重发挥“关键少数”名学生的“头雁”引领作用，带动引领“绝大多数”学生跟随，收到“头雁”领航、“群雁”齐飞的良好效果。自2016年首个名学生工作室建立以来，学生们纷纷以此为榜样和目标，挖掘自身优势潜能，发挥个人知识才干，找到成功的归属感。至今，学校共有8个名学生工作室，涌现出了一大批名学生，名学生工作室激发了学生对美好生活的热爱、对高尚品德的追求、对科学探索的兴趣，为学生们点亮了心灵之灯。

成效二：以点带面，形成蝴蝶效应。

名学生工作室充分利用“蝴蝶效应”，按照实践育人的要求，区分不同学生的发展特性，寓道德建设于内容鲜活、形式新颖、吸引力强的活动实践中，使学生们的思想情感得到熏陶，精神生活得到充实，道德境界得到升华：“文加质观鸟护鸟工作室”的观鸟护鸟活动属于生态道德教育，有效加强了学生对人与自然关系的理解，有助于形成基于道德的人类命运责任感；张峰源、吴谦“美德少年工作室”团结和组织同学，组建了“寒梅墨香”志愿团队，形成了常态化的志愿服务文化，使更多的学生心中有集体、有他人；温馨和易佳星的“科技创新工作室”通过发明创造活动普及科学知识、弘扬科学精神、提升科学素质，激发了学生们的科学梦想和科学志向；“吴文静女子足球工作室”的成立让女子足球得到更多关注，同时也提升了学生体质健康水平，培育了学生的集体意识和体育精神，营造了“无运动，不青春”的校园体育文化氛围。为热爱民俗，团结民族的石钰恺同学开设了“石钰恺民族文化研究名学生工作室”，为一批热爱民族文化、致力传承民族文化的学生提供平台。

成效三：激发活力，形成鲶鱼效应。

名学生工作室将“鲶鱼效应”应用到学生思想道德建设中。通过为名学生开设工作室，激发学生敢示范、敢引领的精神。工作室开展的活动锻炼了学生的道德实践能力，工作室成就的事迹促进了学生的思想提升。良性竞争氛围有利于学生培养进取精神，磨砺意志品质，树立远大理想，养成集体意识。

（四）润“梅”香·宣传推介有行动

潜心灌注育新苗，蓓蕾初绽馨香来。通过创设名学生工作室，学校培养了一批在科技创新、体育运动、孝老爱亲等方面的精英学生，获得了一系列具有学校特色的思想道德建设成果，社会影响大幅度提高。

“文加质观鸟护鸟工作室”获得包括国际级、国家级、省级、市级媒体报道共计 80 余篇，文加质个人获评“全省十大教育新闻人物”；“温馨、易佳星科技创新工作室”得到国家、省市级媒体人民日报、中国教育报、人民网、凤凰网、湖南教育电视台、长沙晚报等媒体报道 30 余篇；“美德少年工作室”的张峰源获评“长沙市教育系统道德模范”“长沙市第四届自强之星”“湖南省第二届最美孝心少年”，吴谦获第五届长沙市“孝老爱亲道德模范”称号；“吴文静女子足球工作室”所在球队自 2016 年建队以来荣获包括“全国青少年冠军杯赛一等奖”在内的 40 余项国家、省市级荣誉；“石钰恺民族文化研究名学生工作室”的石钰恺荣获 2023 年第四季度“新时代长沙好少年”荣誉称号等。

周南梅溪湖中学设立名学生工作室，以个别“名学生”带动整个团队，以“榜样”力量，促进学生个性发展，这是一次人才培养新模式的探索，是新道路的开辟，促进学生向更宽阔的领域发展！随着名学生工作室的创立，我校“让每一位学生体验成功喜悦，让每一位学生拥有幸福未来”的办学理念已牢牢扎根在师生心中。在现有成果的基础上，我校将继续以“生”为本，以“爱”为源，进一步发挥名学生工作室的育人功能，做有温度的教育，为国家、社会培育一批又一批有气度的“梅好”少年！

二、活动特色：“四季六节”促全面发展，“五育并举”筑梅好未来

中国特色社会主义进入了新时代。面对全新的历史发展时期，个人出现了多方面的综合及个性发展需求，社会出现了前所未有的复杂局面。在新时代极为重视科学文化知识、科学技术才能、全面发展的创新型人才的情况下，2018年全国教育大会确立“五育并举”的全面发展教育体系，习近平总书记明确指出，“要构建德智体美劳全面培养的教育体系，形成更高水平的人才培养体系”。“五育并举”进入了人们的视野并要求践行于学校教育中。在追求全面发展的热潮下，全国各地学校纷纷响应，将“五育并举”深入贯彻到学校教育教学中。

“五育并举”是指德育、智育、体育、美育、劳动教育这五个方面同等重要，既要结构合理，又要和谐共生。“五育并举”是一种全面而均衡的教育模式，旨在培养出具备全面发展能力的人才，以满足时代和社会的需求，同时也满足个体的需求和发展。这种教育模式有助于提升人的全面素质，为社会的进步和发展做出更大的贡献。

人无德不立，德育是“五育”的灵魂，是一个人成长、成才的根基；智育是“五育”的核心，是一个人的知识、技能、智慧和本领的总括，是立业之本；体育是“五育”的保障，不仅是身心健康的教育，还包括意志力和勇气的培养；美育是“五育”的升华，是成才的境界，不仅是感受美、鉴赏美的教育，还有净化心灵和陶冶情操的作用；劳育是“五育”的途径，是对德智体美四育的综合性运用，是立身之本。

(一)“研”清学情，树立“五育并举”旗帜

周南梅溪湖中学运用问卷、访谈和观察等方法对一些学校进行深入调查后发现，长时间以来，学校教育仍处于“智育”主导的“疏德”“弱体”“抑美”“缺

劳”的状态，问题产生的原因主要表现有：首先，很多学校并未形成完整的德育系统，针对不同阶段的学生，没有相应的系统性构建，很多时候主要依靠班主任自身的经验和立场去解决学生的问题，没有形成统一性。其次，教育行为严重滞后，学校的教育活动往往是学生先表现出问题，学校再进行相应的教育，而此时已经造成或大或小的不良影响，学校不能走在学生前列，未雨绸缪，防微杜渐。最后，德育方式过于单一，目前的德育方式，大多还是说教为主，长期单一的德育方式很容易让学生产生抵触心理。

因此，周南梅溪湖中学德育工作者们深刻认识到，必须尊重“五育并举”的关联性，打破“各育”的壁垒，构建一个整体育人的良好环境，提升学生核心素养。通过具有特色的德育主题节日活动，增强德育实效、提高智育水平、强化体育锻炼、关注美育熏陶、重视劳动教育，强调学生德行养成、智力构建、体魄塑造、美感追求、以劳育人，关注学生在动脑、动手、动心的过程中形成积极情感体验及正确价值观、完善认知结构、发展能力。

在此背景下，在“五育并举”视域下，以成体系的校园主题节日活动培育“五育并举”全面发展的学生为目的，周南梅溪湖中学精心构建、打造“四季六节”校园主题节日活动体系，促使学生全面发展，并通过对“四季六节”的研究总结，提炼包括活动体系构建的研究、活动案例的研究、活动策略的研究、活动评价研究等方面的指导。

（二）“创”设特色，构建“四季六节”体系

“四季六节”校园主题节日活动体系是周南梅溪湖中学立足本校实际着力构建的方向正确、内容丰富、常态开展的德育活动体系。具体来说指的是：三月巧手节育“劳”，四月学科文化节培“智”，五月心理与安全节润“心”，九月体育文化节强“体”，十月传统文化节塑“德”，十二月梅花节育“美”，实现全员育人、全程育人、全方位育人的系统化德育工作格局。

“四季六节”每节的活动包括三个阶段：①活动启动宣传阶段：启动仪式、主题班会、黑板报评比、专家讲座；②活动组织开展阶段：围绕主题开展多个子活动，全员参与与年级开展相结合；③活动总结表彰阶段：通过表彰先进集体和优秀个人，鼓励全体师生在日常工作学习生活中，形成全面育人、全面发展的格局。

具体来说，“四季六节”活动形式多样，每一节的每一届都有新的活动创意

加入，活动内容精彩纷呈，意义非凡。关于“四季六节”校园主题节日活动体系方案的详细内容，请扫描以下二维码查看。

“巧手节”系列活动方案　“学科文化节”系列活动方案　“心理与安全节”系列活动方案

“体育文化节”系列活动方案　“传统文化节”系列活动方案　“梅花节”系列活动方案

1. 开展“巧手节”活动，画好“劳育”工笔画

党的二十大报告指出“实施科教兴国战略，强化现代化建设人才支撑”。我校以习近平新时代中国特色社会主义思想为指导，全面贯彻党的教育方针，落实全国教育大会精神，坚持立德树人，实践育人，坚持培育和践行社会主义核心价值观，把劳动教育、科创教育纳入人才培养全过程，与我校课程文化相融合，紧密结合经济社会发展变化和学生生活实际，积极探索具有特色的劳动教育、科创教育模式，培养勤俭奋斗奉献的劳动精神，增强科技自立自强的志气骨气底气，在每年三月开展“巧手节”系列活动。

“巧手节”期间，活动内容精彩纷呈，意义深远。例如“大手拉小手 共筑科技梦”专家主题讲座，通过专家讲座激发学生创新热情，为“巧手节”系列活动赋能；“纸上得来亦匪浅，搭高成长要躬行”纸质搭高竞赛，通过科技创新竞赛，在激发学生创新意识、培养创新思维的同时，大大提升学生的动手实践能力，点燃学生的科技梦想；水火箭“一飞冲天”科技创新大赛，由年级组统筹、班主任组织，学生统一在各班教室里团队合作制作，各小组根据水火箭的原

理，利用环保材料，自制外观精美、性能强大的水火箭，调试好并在指定地点发射，测量火箭射程，根据射程评奖，以此激发学生的创新意识、培养创新思维，同时大大提升学生的动手实践能力，点燃学生的科技梦想；“巧手匠人 神奇少年”——花灯手工创意大赛，由年级组统筹、班主任组织，学生统一在各班教室里团队合作制作，集中制作完成后由班主任选出 5 件优秀作品交给劳技老师，由劳技老师从中再选出十佳作品予以展示，之后会选择一个晴天的晚自习，进行全校性质的灯展活动；“忆苦思甜守初心 探索自然启慧心”——味与美的小创作活动，学生全程手工制作腌萝卜以及在心仪的树叶背面刷上颜色，在帆布上自由创作，展示自己的树叶世界，制作独一无二的帆布包包。通过动手制作，学生体验美食、美物的生成与制作过程，更进一步与自然接触，领略植物的多样风采，感受劳动的趣味盎然，培育动手能力和创新思维。图 4-17 为我校“巧手节”系列活动之水火箭“一飞冲天”科技创新大赛与“FUN 转科技 IN 领未来”科创作品体验活动。

图 4-17　水火箭“一飞冲天”科技创新大赛与“FUN 转科技 IN 领未来”科创作品体验活动

一个动手慧心、巧蕴匠心的校园主题节日，为手工艺文化的传承和科技创新的发展提供了一个重要的平台。参与师生亲自动手制作手工艺品，这不仅可以锻炼参与者的动手能力，还可以激发他们的创造力和想象力。在制作过程中，参与者需要不断尝试和创新，这种过程对于提升他们的综合素质和创新能力具有积极的推动作用。同时，巧手节通常会有各种团队合作和个人创作的环节，这些环节需要参与者之间的密切合作和交流。通过共同制作手工艺品，参与者可以增进彼此之间的了解和信任，培养团队协作精神和沟通能力。一件手工艺作品与科技创品的制作，也可培养参与者的耐心和专注力，这对于生活在快节奏的现代社会中的人来说是一种难得的锻炼机会，参与者可以学会在繁忙的生活中找到一片宁静的空间，感受到不同文化背景下的艺术魅力，从而丰富自己的文化生活和精神世界。再者，科技创新的种子由此在校园中进一步生根发芽，枝繁叶茂，开花结果。

2. 举办“学科文化节”活动，奏好“智育”主题曲

四月是学校“四季六节”中的“学科文化节”活动时段。学校贯彻落实教育部提出的“双减”政策，增强校园学科文化品质，提升学科核心竞争力，促进学科可持续发展，彰显学科文化特色及全力培养学生的学科兴趣和探索精神。“让学生喜欢一门学科，热爱一门学科，探索一门学科的旅程就从这里开始！”

2024 年 4 月 15 日下午，学校举行了“学科荟萃 悦动梅园”第三届学科文化节活动，科技创新园、主题展览地、语言乐园、艺术园地、知识闯关 5 大板块，6 个年级 9 大学科 16 项单元活动让人目不暇接。此次活动旨在激发学生对学科的热情，促进跨学科交流，打造一场集科技创新、艺术展示、知识竞赛于一体的学术盛宴。

例如，为增进同学们对《红楼梦》的了解，提升对整本书的阅读兴趣，语文组开展了自主设计并制作书签活动。一方怀雅趣制书签，一方任书香润心间。同学们以绘画，或场景，或人物，或器具，或花草；也以书法，或诗句，或判词，或口头禅，或心里话。更有新意者，融雕刻、篆刻、剪纸、折纸、印染、泥塑、刺绣等传统形式于其中。展品形式各异，精彩纷呈，无不体现出高一学子对《红楼梦》的满腔喜爱和独特见解，引来不少观赏者驻足。

又如，在学校天健馆的“数学公式博览会”现场，12 个数学公式展览区前围满了学生。他们一手捧着本子，一手攥着笔，或凝神静思，或交流探讨，有的学生索性席地而坐，专注在数学世界中。数学公式的出题人和讲解团都是学生，其他学生挑选自己感兴趣的经典公式和挑战题，每解出一道题便可获得相应的奖券，奖券最多的前 10 名学生赢得“数学闯关王”称号。

再如，历史组则举行以“探寻身边历史，提升感悟能力”为主题的“三行情书”学科活动。活动旨在调动周梅学子的历史学科热情，抒发内心情绪，感受平凡生活里的温暖和敬意，“激活”历史思维。学生作品紧扣历史知识点，积极探索历史事件的内核，采用多种形式展开创作，展现出了个人的独特风采。

图 4-18 为语文组组织开展的《红楼梦》书签制作活动及展览，以及地理组举办的特色传统居民手工模型制作活动及展览。

图 4-18 《红楼梦》书签制作、特色传统居民手工模型制作活动及展览

学科文化节活动不仅为学生们带来了欢乐与收获，更在无形中提升了他们的学科素养和综合能力。智绘学科彩虹，乐享知识盛宴。周梅学子在未来的日子里，将继续在学科的海洋中探索前行，书写更加精彩的青春篇章！

3. 推出“心理与安全节”活动，唱好“心育”重头戏

每年的六月、七月，学校都会迎来考试季，学生的心理压力也随之增加。对此，学校将五月定为“四季六节”中的“心理与安全节”活动时段。为深入贯彻落实党的二十大关于“重视心理健康和精神卫生”的重要部署，进一步推动校园安全文化建设，进一步增强学生安全意识，营造良好的心理与健康文化氛围，促进学生身心健康发展，学校在“心理与安全节”活动时段组织开展一系列主题鲜明、形式多样的心育活动，促进学生心理健康发展，启心润心，汇聚“心”能量。

例如心理团辅活动，邀请校内校外专家，针对毕业年级学生心理特点和心理需求，组织开展考前的心理辅导讲座，帮助考生缓解焦虑情绪，学习调节情绪和有效应对压力的方法，为中高考加油赋能，图 4-19 即为心理团辅活动开展现场；“心晴跑——播种梦想的种子”心理素质拓展活动，为心赋能，蓄力前行，这是为周梅初三高三学子精心策划的考前放松活动；自我治愈漫画创作大赛，学生艺术性地表达自己在遇到学习、青春期成长、亲子关系等问题时是如

何自我调节的，从而达到自我治愈的积极效应；“梅好”亲子时光活动，发放“亲子时光”卡片，让学生和家长通过打卡各项任务有效沟通、和谐相处，指导家长改进亲子沟通方式，为学生提供及时有效的情感支持；“幸福，从今天开始”幸福刮刮乐活动，以发展性心理健康教育与积极心理学理念为导向，以刮刮卡的创新形式，开展有助于提升积极心理品质的主题活动。通过各类心理健康教育活动，营造良好的心理健康文化氛围，促进学生心理健康发展。

图 4-19　心理团辅活动

值得一提的是，周南梅溪湖中学自 2014 年办学以来，就将心理健康教育规划为学校发展的重要环节，全校师生统一思想，全员行动，踏实开展心理健康教育工作，取得了一定成果。学校作品《心理素质拓展活动“心晴跑”》荣获“第一届全国中小学心理健康教育特色成果展示”一等奖，心理老师何园竹获“第一届全国中小学心理健康教育心理教师专业能力展示大赛”一等奖，学校被评为第四批湖南省中小学心理健康教育特色学校，在长沙市第二届中小学治愈系心理漫画大赛中学校荣获“优秀组织单位奖”，案例《幸福刮刮乐——15 天幸福养成计划》荣获长沙市未成年人思想道德建设优秀案例。在取得成果的同时，多家媒体宣传报道，在社会上也取得了较好评价。

4. 组织“体育文化节”活动，练好“体育”基本功

习近平总书记强调：“要坚持健康第一的教育理念，加强学校体育工作，推动青少年文化学习和体育锻炼协调发展。”为更好发挥体育的育人功能，营造学校体育运动氛围，激发学生的运动兴趣，强健体魄，培养学生合作、自信、勇

敢、公平竞争及团队精神等良好品质，学校于每年九月开展“体育文化节”系列活动，每一个年级都有独具特色的活动。

如“凝绳聚力，心绳相牵”——初一年级拔河比赛，比赛前进行抽签，采用单淘汰制，每班男女生各 15 名，每回合采用 3 局 2 胜，胜队晋级，负队淘汰，最终决出前 7 名；“热血青春，迎‘篮’而上”——高二年级篮球比赛，五人制篮球比赛，每班选一支男子篮球队参加比赛，比赛采用单淘汰制，分上下半场，各 15 分钟，中场休息 5 分钟，每场决出胜负，胜者晋级，负者淘汰，最终决出冠军；旗开得胜，“绳”彩飞扬——高三年级跳长绳比赛，高三年级各班组成一个参赛队，每班不限参赛人数，鼓励全员参与；比赛时间为三分钟，在三分钟内跳数多的班级获胜，比赛若遇成绩相同，进行一分钟复赛，直至决出名次为止；“健青春体魄，铸时代青年”——校田径运动会，包含学生运动会的入场式、跳高、跳远、铅球、短跑、长跑等与教师运动会的教师拔河比赛、接力赛等。多彩活动的开展有利于强健学生的青春体魄，让学生的身心在体育活动中得以全面发展。图 4-20 为体育文化节之田径运动会开幕式节目展演。

图 4-20　田径运动会开幕式节目展演

周南梅溪湖中学体育文化节的意义在于其作为一个综合性的体育文化活动，对参与者甚至全校师生产生了广泛而深远的影响。其一，它有助于提升师生的体育文化素养，为师生提供了一个了解和学习体育文化的平台。通过各种形式的体育活动，师生可以更深入地了解体育的历史、文化、精神和价值，增强对体育文化的认识和欣赏。其二，它有助于推动体育事业的发展。通过举办比赛、表演等活动，不仅为运动员提供了展示才华、交流技艺的机会，也能够吸引更多的师生参与，扩大体育文化活动的影响力和号召力，推动体育事业的持续发展。其三，它有助于促进身心健康和社会交流。在参与体育文化活动的过程中，师生可以锻炼身体、增强体质、提高健康水平，同时通过参与各种形式的体育活动，师生可以结交新朋友、拓展社交圈子、增强社交能力。其四，它有助于传承和弘扬体育精神，体育文化节不仅是一个体育竞技的盛会，更是一个传承和弘扬体育精神的重要场所。通过举办各种活动，师生可以感受到体育的拼搏精神、团队精神及公平竞争精神等，这些精神不仅对于体育事业的发展具有重要意义，也对于社会的发展和进步具有积极的推动作用。

5. 举行“传统文化节”活动，用好“德育”指挥棒

中华文化源远流长、博大精深。中华优秀传统文化，是全人类最为珍贵的宝藏。习近平总书记指出，在五千多年文明发展中孕育的中华优秀传统文化，在党和人民伟大斗争中孕育的革命文化和社会主义先进文化，积淀着中华民族最深层的精神追求，代表着中华民族独特的精神标识。当代中国青年应自觉用中华优秀传统文化、革命文化、社会主义先进文化培根铸魂、启智润心，加强道德修养。为贯彻落实习近平总书记关于弘扬中华优秀传统文化的系列重要论述，引导学校青少年学生更好传承中华优秀传统文化，坚定文化自信，自觉用中华优秀传统文化培根铸魂、启智明德，周南梅溪湖中学于每年十月开展中华优秀传统文化节系列活动。每一届传统文化节活动皆内涵丰富、形式多样，以下列举其中一二。

“扬优秀传统文化，育厚德时代新人”——校长开讲中华传统文化活动，为更好传承中华优秀传统文化，彰显周梅文化底蕴，让传统文化持续深入校园，吴伟校长为学生上了一堂中华传统文化课，以培养学生对传统文化的热爱和认知。

“中医药文化进校园，传承国粹助成长”——中医药文化讲座活动，通过邀请街道社区卫生服务中心医师们走进学校，为学生讲授一堂生动活泼富有中医药文化特色的知识讲座，让学生系统地了解中医药知识，增进对传统中医药的了解，在他们心底播下继承中医药文化的种子。

“情醉文化里，寻梦故乡中”——“我的家乡我来秀”调研报告活动，围绕“家乡文化生活”展开学习活动。学生主要通过演讲、微电影等方式，在全年级展示自己对家乡的人和物的了解，对家乡的文化和风俗的关注，对丰富家乡文

化生活提出的合理建议等；回顾昨天，考察今天，展望明天，寻找情感归宿，增进对家乡文化的认同。

“传承中华灿烂文化，铸牢中华民族意识”——中华传统文化创意快闪秀活动，通过寻找身边能代表优秀传统文化的事物，如典籍、服饰、建筑、艺术作品、美食、文学艺术表演等，学生与它们合影或拍摄视频表演，并将其制作成一个内容元素丰富的快闪视频。

“共游周梅传国风，源远文化永流传”总结表彰暨中华传统文化游园会：以传统文化为主题，设置书法展示区、国画展示区、漆画展示区、草木染展示区、传统乐器区、手工艺区、中国武术区、传统美食制作区、汉服文化区、诗词大会等，旨在弘扬和传承中华优秀传统文化。通过游园会，师生可以在古风装饰的环境中体验传统文化、品尝传统美食、参与传统手工艺制作，并享受现代游乐项目带来的乐趣。图 4-21 为游园会的传统武术展区与书法绘画展区现场。

图 4-21　传统文化节游园会之传统武术展区、书法绘画展区现场

周南梅溪湖中学一年一度的中华优秀传统文化节的意义深远而广泛。学校通过举办各种与传统文化相关的活动，如经典诵读、书法比赛、传统手工艺展示等，可以使学生们更深入地了解和认识中华文化的博大精深，从而激发他们的爱国热情和民族自豪感，使其自觉传承和弘扬中华优秀传统文化。同时，还可以帮助学生树立正确的历史观、国家观、文化观，增强他们的文化自觉和文化自信；这种自觉和自信不仅体现在对传统文化的热爱和尊重上，更体现在他们对待外来文化的态度上，既能够理性看待外来文化，不盲目崇拜，也不一概排斥。另外，不仅可以提高学生的文化素养，还可以培养他们的综合素质：学生通过参与传统手工艺制作、书法比赛等活动，可以锻炼动手能力、创造力和审美能力；通过参与经典诵读、诗词朗诵等活动，可以提高语言表达能力和文学鉴赏能力。再者，在促进校园文化的繁荣和发展的同时，还可增进师生之间的交流和互动，增强师生之间的情感联系，从而促进教学相长。

6. 推广“梅花节”活动，绘好“美育”同心圆

党的二十大报告中强调：“全面贯彻党的教育方针，落实立德树人根本任务，培养德智体美劳全面发展的社会主义建设者和接班人，加快建设高质量教育体系，发展素质。”为贯彻党的二十大精神，认真落实国家课程方案，落实我校办学理念与教育理念，同时为进一步丰富与实践我校以梅花文化为核心的校园文化，激励学生不断提高艺术素养，鼓励他们用优雅的艺术形式展现多彩青春，周南梅溪湖中学于十一、十二月面向全体学生开展一年一度的“梅花节”系列活动。“梅花节”为广大师生提供锻炼自我、发展自我、展示自我的重要平台，丰富校园文化生活，深化文明校园建设，实现学校和谐持续发展。

“梅花节”的多样活动，潜移默化地提升学生的审美素养，提高鉴赏美、创造美的能力，达到美育浸润，例如落雪听梅——校园歌手大赛、邀雪赏梅——校园舞蹈大赛、吟雪咏梅——校园器乐大赛、凌雪话梅——校园剧比赛、傲雪品梅——校园朗诵艺术大赛、寻香识梅——脱口秀配音秀表演、群芳赞梅——梅花节闭幕式暨庆元旦迎新年晚会等活动。图 4-22 为“艺绽五彩辞玖岁，梅开新局踏拾行”——第十届梅花节闭幕式暨庆元旦迎新年晚会现场。

图 4-22　“艺绽五彩辞玖岁，梅开新局踏拾行”——第十届梅花节闭幕式暨庆元旦迎新年晚会现场

一场与“梅”相约、遇见“梅”好的艺术盛宴，为学生提供了一个展示自己才华和创造力的舞台，让学生能够接触到丰富多样的文化艺术形式，从而加深对文化艺术的理解和热爱，促进文化艺术的传承和发展。同时，学生在创作、表演、策划等过程中运用所学知识，发挥想象力和创造力，获得成就感和自信心，锻炼组织协调能力和团队协作能力，这些能力的提升，对学生的全面发展具有重要意义。再者，通过举办各种文化艺术活动，能够丰富学生的课余生活，提高他们的审美水平和文化素养，营造积极向上、健康和谐的校园文化氛围。

（三）“究”出经验，打造“周梅德育”品牌

“四季六节”校园主题节日活动体系确保在促进所有学生全面发展的基础上，满足学生个性发展，提升核心素养，培育社会主义核心价值观，是为中国特色社会主义事业培养德智体美劳全面发展的合格建设者和可靠接班人的重要方式。通过长期的实践与深入的研究，周南梅溪湖中学将经验总结如下。

1. 理念指引，矢志遵循“总基调”

周南梅溪湖中学坚持以全面贯彻党的二十大精神、深入贯彻落实习近平总书记系列重要讲话精神、落实立德树人的根本任务、将党和国家关于中小学德育工作的要求落细落小落实为指导思想，着力构建“一年四季六节”方向正确、内容丰富、常态开展的德育工作体系，努力形成全员育人、全程育人、全方位育人的德育工作格局，为中国特色社会主义事业培养合格建设者和可靠接班人，矢志遵循“总基调”“大方向”。

2. 领导重视，科学谋划“路线图”

根据党和国家的教育方针政策、指导思想，结合周南梅溪湖中学实际情况，制定活动方案，确定组织机构、活动主题时间和活动内容，明确工作要求。①活动组：做好各项活动的策划、组织与开展工作；②宣传组：负责统筹活动期间相关宣传工作；③后勤组：负责各项活动所需物品的采购工作；舞台搭建、音响、灯光的调控及活动气氛营造；活动所需器械、器材的检测维修、提供及表演前后的大型道具、器械的上下场搬运和布置；④安保组：负责各项活动的安全保卫工作。

3. 模式创新，实践蹚出“新路子”

首先，创新点体现在“系统性”。将割裂的细小活动，融合成主题节日活动，每个节包括八个子活动，所以每个节内部的活动实现了系统性。从六个节日总体来说，实现了五育融合，将德智体美劳贯穿到一年四季当中，让学生在活动中提升各方面的素养。其次，创新点体现在“丰富性”。活动开展阶段，开展与主题有关的德智体美劳多种形式的活动，如巧手节的“岂曰无衣”耕织活动、心理与安全节的“幸福刮刮乐”活动、520 毕业年级减压团体活动；传统文化节游园会的草木染、漆画、剪纸、戏曲活动等(具体见 156 面“传统文化节”系列活动方案)。在总结表彰阶段，通过展播推送优秀作品、宣读表彰决定，让每个学生都有见证自我成长的平台机会，让学生更加阳光自信！再者，创新点体现在“艺术性”。艺术活动是陶冶学生性情、寓教于乐的最佳方式，为此学校为“四季六节”创作了不同风格的歌曲，在为期一个月的活动中，学校会在启动仪式、表彰仪式、日常广播的时间，播放各节日活动的专属歌曲。比如在体育文化节开幕式上，我们播放了主题曲《荣光》；在传统文化节游园会之际，学生乐队现场演奏了主题曲《华夏少年》，深受学生欢迎。关于“四季六节”活动主题曲曲谱、歌词的详细内容，请扫描以下二维码查看。

“四季六节”活动主题曲曲谱、歌词

4. 立足学情，众智合议“金点子”

根据初中、高中学生的特点，学校分别制定出符合学生年龄特点的活动。随着年级的变化，学生在三年或者六年中能够参与所有活动的体验实践，在丰富的活动体验中提升综合素养，实现五育融合。比如：传统文化节子活动之“五千年古韵绽芳华　二十大盛会谱新章”传统文化黑板报评比活动，初一年级作为起始年级，需要增强自身修养，养成良好的习惯，所以开展主题为“强自身修养，育传统美德”中国传统美德主题黑板报评比活动，初二年级在语文课堂上学习传统节日的习俗，所以开展主题为“传佳节之韵，扬中华文化”中国传统节日主题黑板报评比活动。高一年级政治学科正在学习传统建筑、传统服饰等传统文艺，所以开展主题为“览华夏文艺，承千年精粹”中国传统文艺主题黑板报评比活动。高二年级语文历史学科涉及民族精神，所以开展主题为“秉中华精神，燃民族之魂”中国传统民族精神主题黑板报评比活动。

5. 试点先行，率先种好“试验田”

目前为止，“四季六节”中巧手节、学科文化节、传统文化节各开展了三届，心理与安全节、体育文化节、梅花节各开展了十届。“四季六节”是一个逐步完善的过程，在这个过程中，学校会先组织开展一些活动，试点先行，看学生的反响如何，探讨活动中遇到的问题，提出提高活动质量的方法，并总结这次活动成功之处及活动的收获，不断优化活动方案，为下一届节日活动做好铺垫，逐步达到活动体系完善的效果。如学校将进一步完善方案，给学校六大节日活动设计六首不同风格的歌曲，如巧手节主题曲《蕴匠心》、学科文化节主题曲《论学修己》、心理与安全节主题曲《拥抱曙光》、体育文化节主题曲《荣光》、传统文化节主题曲《华夏少年》、梅花节主题曲《梅花开时》等，推动周梅文化对外传播行稳致远，对学生的影响更是意义深远！“四季六节”主题曲曲谱、歌词的详细内容请扫描二维码查看。

“四季六节”活动体系是对“五育并举”理论的实践，是融合了周梅独特校园文化尝试的成果。学校凭《基于校园“四季六节”活动体系的智慧五育新范式实践与研究》的“四季六节”改革项目成功入选为“长沙市基础教育综合改革实验学校”、案例《构建“四季六节”德育活动体系，成就“五育并举”高品质教育》获 2023 年长沙市未成年人思想道德建设典型案例。

学校通过构建“四季六节”具有特色的校园主题节日活动体系，增强德育实效、提高智育水平、强化体育锻炼、关注美育熏陶、重视劳动教育、实现五育融合，强调学生德行养成、智力构建、体魄塑造、美感追求、以劳育人，关注学生在动脑、动手、动心的过程中形成积极情感体验及正确价值观、完善认知结构、发展能力，为中国特色社会主义事业培养德智体美劳全面发展的合格建设者和可靠接班人。

三、心理特色：凝聚“心”能量，守护“心”成长

凝聚“心”能量　守护“心”成长
——长沙市周南梅溪湖中学心理健康教育工作模式

长沙市周南梅溪湖中学建校之初，就建设了高标准心理健康教育指导中心——周南梅溪湖中学“心晴小屋”。学校心理健康中心配备个别辅导室、团体辅导室、沙盘室、心理健康教育图书阅览室等功能空间及相关设施，配置沙盘、涂鸦墙、团体辅导器材等基础设备；2018 年建设完成了学校自主研发的心理健康教育平台，该平台具备学生心理咨询预约、心理测评、学生心理健康预警、学生心理健康档案保存管理等功能。

周南梅溪湖中学秉承“让每个学生享受成功的喜悦，让每个学生拥有幸福的未来”这一办学理念，相信每个孩子都天然地具有自我成长的智慧和力量，把心育工作纳入学校顶层设计和特色规划，给予学生适当的引导和营造良好的成长环境。如图 4-23 所示，学校心理健康教育工作以“引导学生寻找自我成长的力量”为中心，形成了构建“心”网络，打造“心”队伍，开发“心”平台，探索“心”课程，创新“心”体验的“五心”心育工作特色模式。

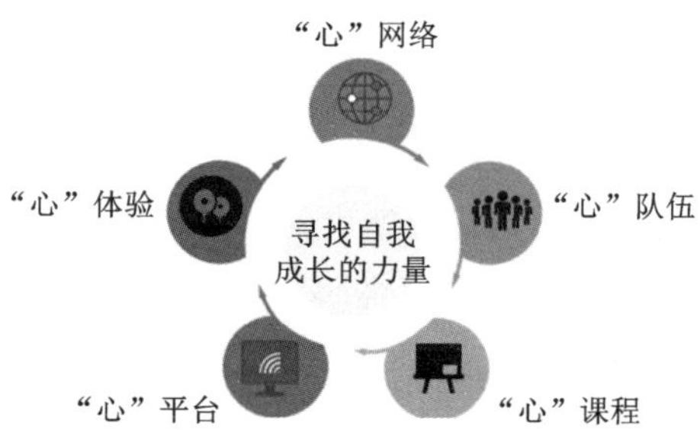

图 4-23　“五心”心育工作特色模式

（一）构建“心”网络，组织领导有保障

周南梅溪湖中学建立以校长为领导、心理老师为核心，全体教职员工共同参与的心理健康教育工作网络（图 4-24）。成立了危机干预领导小组，上到校长书记，下到生活老师、校医，每个人都有自己明确的职责。

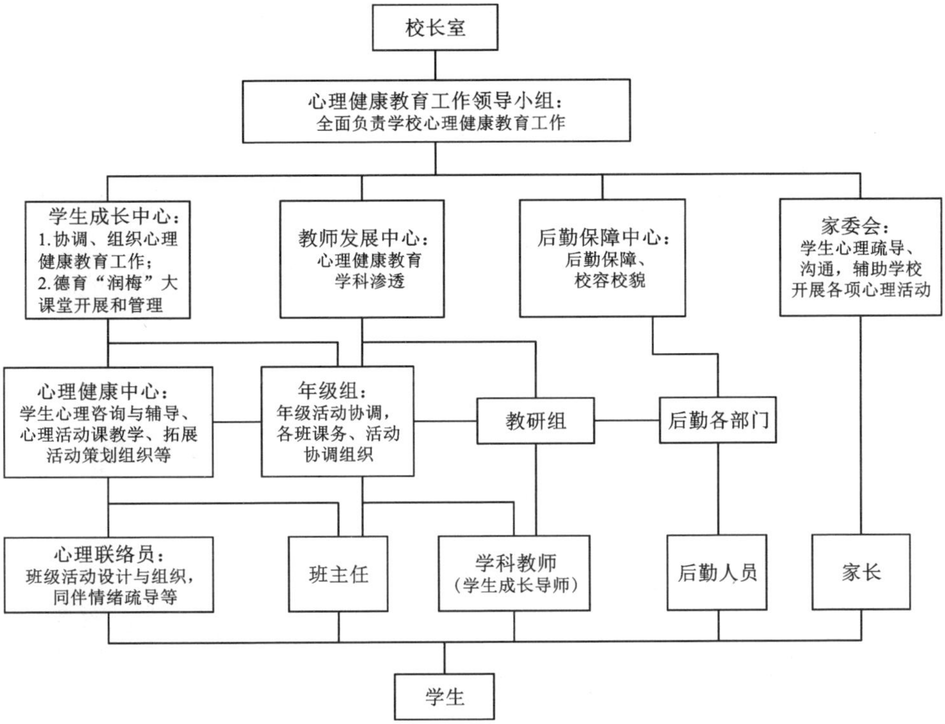

图 4-24　心理健康教育工作网络

（二）打造“心”队伍，开展工作有力量

周南梅溪湖中学目前配备了 3 名专职心理老师，并聘任中南大学公共卫生学院的副教授胡宓和湖南第一师范学院的副教授朱丹作为我校心理健康教育工作的指导专家。

【专职教师队伍】

何园竹，华东师范大学心理学硕士，国家二级心理咨询师、国家生涯规划师，长沙市兼职心理教研员。荣获全国心理健康教育教师技能大赛一等奖、湖南省基础教育教学成果奖特等奖。

教育理念：每个人都拥有自我疗愈的资源

张沛琳，华东师范大学发展与教育心理学硕士，国家三级心理咨询师。曾参与《心理健康》教材和《积极心理学视角下中小学生心理免疫力提升指南》一书的编写，并参与湖南省中小学心理健康教育"五维一体"资源包视频课的录制。

教育理念：成为有温度的人

陈嘉仪，华中师范大学 2024 届心理学公费师范生。系统接受了心理学专业知识学习，多次获得"校三好学生""校学习积极分子"等荣誉和奖学金。

教育理念：成为有爱心、有智慧、有风格、有个性的教师

【指导专家】

胡宓，博士，中南大学湘雅公共卫生学院副教授、硕士生导师，主要从事以学校为基础的心理健康促进和心理危机预防领域的科研与实践。主持完成国家自然科学基金课题、教育部人文社科课题、湖南省教育科学规划课题等多项课题，获全国教育科学研究优秀成果奖三等奖和湖南省基础教育教学成果奖特等奖。

朱丹，湖南第一师范学院心理学副教授，专业发展负责人。国家二级心理咨询师，美国罗德岛大学访问学者，海南师范大学客座教授。主持省级以上课题 7 项，出版教材（编著）6 部，撰写科研论文 20 余篇，获湖南省教学成果奖一等奖、湖南省教学竞赛二等奖等奖项。

除了专职心理教师，周南梅溪湖中学还专门成立了兼职心理教师队伍，同时各班班干部增设一名心理委员。学校对兼职心理教师和心理委员有针对性地开展培训，让他们掌握基本的心理危机识别与心理辅导技能，并负责对本班学生或同学的“常见心理危机”和“突发心理危机”进行记录、报告以及开展自身干预能力之内的疏导工作。

心理委员是班委会的成员之一，是学校心理健康教育中心与各班学生之间信息沟通的桥梁和纽带。同时，心理委员既是学习者，也是实践者；既是心理健康的自助者，也是心理上的助人者；既是信息传递员，也是宣传员。所以说班级心理委员是校园的心理健康使者，其重要性可见一斑。

为了更好地促进周南梅溪湖中学各班级心理委员对其工作的理解，提高心理委员对心理学相关知识的运用能力，更好地发挥心理委员在心理危机预警与干预方面的作用，学校心理健康发展中心在每年的 10—11 月都会定期组织开展心理委员培训（图 4-25），以培养班级心理委员的责任感、共情能力、对职务的认同感以及及时发现班级同学心理困惑的能力等。

图 4-25　心理委员培训

为全面推进学校心理健康教育工作，提高教师心理育人能力，学校每年也定期开展教师心理育人能力培训（图 4-26）。培训包括校园心理危机的识别与预防、教师的心理健康维护、基于心理健康促进视角的德育问题应对等主题。

图 4-26　教师心理育人能力培训

(三)开发"心"平台，科学筛查有效率

周南梅溪湖中学通过申报省级规划课题《信息化条件下的校园心理安全教育新模式》开发了校园心理健康教育平台，这一成果被收入湖南省教育厅《湖南省教育信息化优秀典型案例成果集》(图 4-27)。该平台汇聚了省市两级教研机构、高校、医院、企业等多方技术力量与资源，形成了协同推进中小学心理健康教育的新模式，图 4-28 为平台总构架。

周南梅溪湖中学与校外精神卫生学术和服务机构、数据信息平台建设企业共同探索：一是开发基于区域学生心理发展特点的评估量表。通过对学生定期开展心理健康评估，形成学生动态的心理健康档案。二是与校外精神卫生学术机构共同开展教师、班主任及志愿者培训，从而高效完成量表评估后的访谈任务，减少评估误差。三是针对学生心理健康现状以及学生心理发展的影响因素，与心理教师、主管领导、家长、专业机构心理工作者和伦理工作者等共同探讨如何在学校心育过程中有针对性地进行渗透与改善。四是积极探索日常心理健康教育与个体辅导、危机干预的联动，将学生到学校心理辅导室预约、接受辅导以及心理教师采取干预的情况，在不违背心理辅导伦理原则的情况下，反馈到日常心理健康教育中，从而增强教育的主动性与有效性。五是结合已开

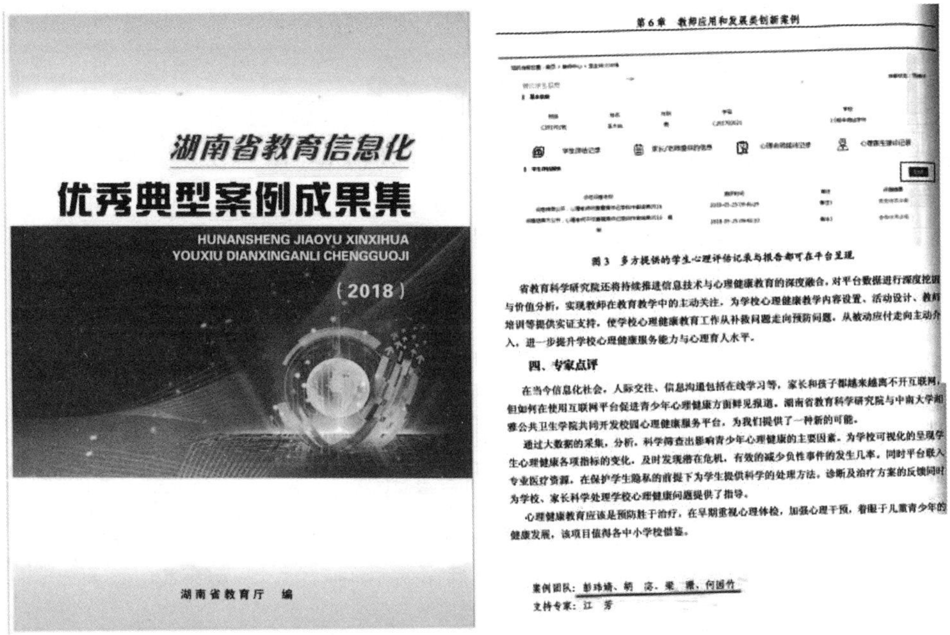

图 4-27　学校《信息化条件下的校园心理安全教育新模式》被收入湖南省教育厅《湖南省教育信息化优秀典型案例成果集》

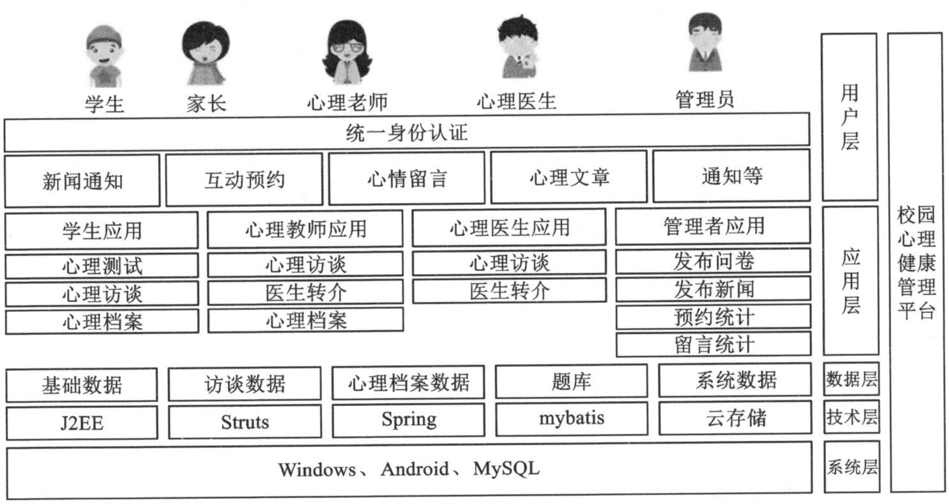

图 4-28　平台总构架

展的实践路径，设计开发学校心理服务网络信息平台，进一步提高数据处理的效率与精准度，更利于数据搜集与深度挖掘，也就是将前述需要完成的任务尽量通过网络平台予以实现。通过两年的积极探索与努力实践，学校已基本形成以数据为依据开展心理健康教育的模式雏形。目前，该模式逐步推广至长沙市甚至湖南省内多所中小学。

(四)创新"心"课程，心理教育有阵地

周南梅溪湖中学通过一套体验式的心理课程让学生学会与自己相处、学会与他人相处、学会高效学习、学会好好生活。除了常规心理课程，学校根据不同年龄阶段学生的心理特点，创设了系列特色心理辅导课程。

(1)面向全校学生开设的校园心理剧主题的兴趣课。学生在兴趣课上通过鉴赏一系列校园心理剧，达到观剧观己、挖掘生命积极资源的效果。同时，在兴趣课上组织学生建立团队，并参与到编剧、导演、角色扮演、场务等工作中，通过沉浸式的体验去觉察、分析、影响自己的心理状态。学校校园心理剧兴趣课创编的两部校园心理剧《听说》和《遇见未来的你》均获得长沙市校园心理剧比赛一等奖。

(2)针对学生的共性心理特征开展了表达性艺术团体辅导课——积极心理品质创造营。本课程基于表达性艺术心理辅导与认知心理辅导的原理，通过积极的自我认识、积极的支持资源、积极的生命符号、积极的暂停按钮、积极的应对模式等主题课，运用不同的艺术创作形式，将压力、焦虑、惶恐、不安等负面情绪转交给艺术，引导学生自己安抚、调节情绪，从而挖掘内在积极心理品质，提升心理健康素养。

(3)针对班主任反馈的班级需求提供预约制的系列班级团体辅导课。学校心理教师还关注到了学生心理健康发展需求和学校德育及班级管理工作需求，向班主任开放预约定制课，开展了"我与班级共成长""探索生命的火花""假如朋友生病了""为团队二战""一路有你，温暖同行"等定制心理班会课，有效地运用心理健康教育的理念及方法将心育工作融合到德育工作中。

如表 4-9 所示，学校心理教师也在多项课堂教学竞赛中取得了很多亮眼的成绩。

表 4-9　学校心理教师在课堂教学竞赛中取得的成绩

教师姓名	奖项	级别
何园竹	全国中小学心理健康教育教师技能比赛一等奖	国家级
	湖南省中小学心理教师技能比赛一等奖	省级
	长沙市中小学心理教师技能比赛一等奖	市级
	2018 年长沙市中学心理健康教育活动课竞赛一等奖	市级
刘芝玲	湖南省中小学心理教师技能比赛一等奖	省级
	长沙市中小学心理教师技能比赛一等奖	市级
	长沙市家庭教育指导讲师比赛一等奖	市级
张沛琳	2014 年长沙市高中心理健康教育智慧课堂教学一等奖	市级

(五)创新“心”体验，心育活动促成长

周南梅溪湖中学心育工作强调特色活动育人，让师生在充分的互动与体验中感受幸福，获得成长。通过开展“心晴跑”、幸福刮刮乐、亲子时光打卡活动、治愈系心理漫画创作比赛、表达性艺术治疗团辅活动、毕业年级考前心理素质拓展等学生特色心育活动，为学生提供个性化心灵成长空间。其中“心晴跑”获得全国中小学心理健康教育特色成果展示一等奖、长沙市儿童友好型城市十大创新品牌案例；“幸福刮刮乐”获得湖南省中小学心理健康月活动案例一等奖、长沙市未成年人思想道德建设优秀案例。

特色活动 1　心晴跑

“心”：用心呵护的教育常态

“晴”：积极饱满的情绪状态

“跑”：奔跑流动的生命姿态

“心晴跑”是我校的特色活动项目。每年 5 月 25 日的下午，学校会向全校师生发放专属活动入场券(图 4-29)，全体师生在操场上体验一场新颖有趣的心理素质拓展游戏盛宴(图 4-30)。学校每年的“心晴跑”都有不同主题，因此

在设计与实施时也会根据学生的实际需求调整主题。心理普查、心理问卷调查、心理咨询以及与学生的日常交流沟通，都是学校了解学生发展需求的渠道。学校根据学生的需求来制定每年“心晴跑”的主题：“搭乘幸福的列车”主题培养学生感知幸福、创造幸福的能力；“遇见更好的自己”主题帮助学生发展多元能力；“播种梦想的种子”主题为学生的梦想引航……“心晴跑”已经成为了师生们心中对学校文化认同的一部分，成为了学生们提升自己、展示自己的绝佳平台。“心晴跑”为同行心育工作者提供了开展心育活动的灵感和新思路，获得了专业人士的肯定和赞许。“心晴跑”将“心理健康教育”以更为积极的视角展示在大家面前，起到了一定的普及和宣传的作用，并且将心理健康教育渗透到了学校的文化层面以及各个部门，扩大了学校心理健康教育的阵地。

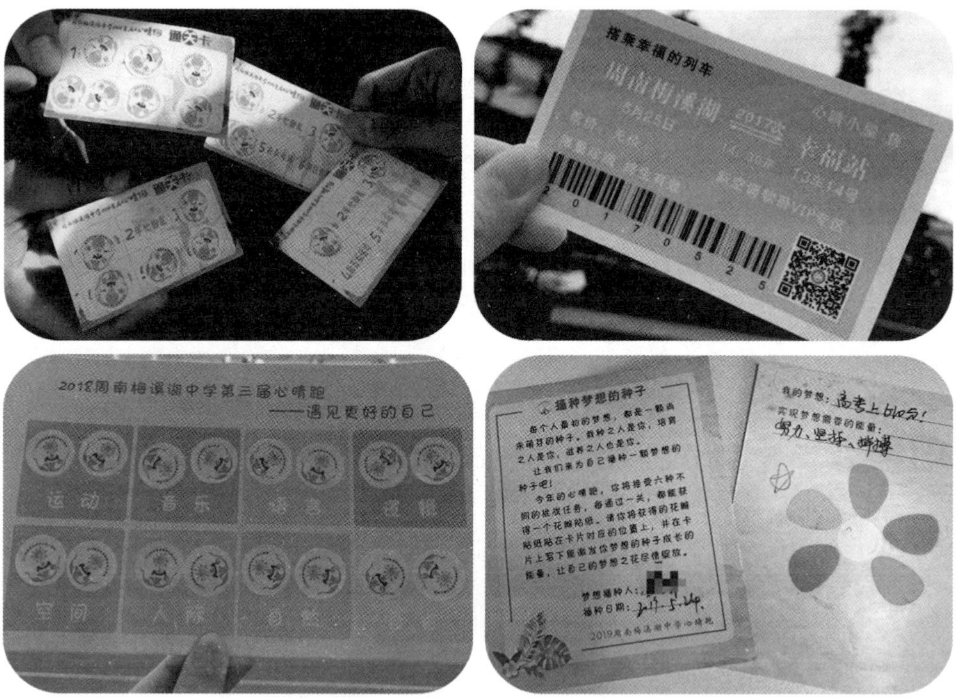

图 4-29　历年“心晴跑”入场券

图 4-30 “心晴跑”活动现场

特色活动 2 幸福刮刮乐

在每年的 525 心理健康节学校都会举办心理主题活动，2022 年的活动主题是“幸福，从今天开始”——这句话既是对学生说的，也是对老师们的寄语。对于学生来说，他们每天大部分的时间被课堂、作业、考试占据，中高考的压力，让他们很多时候来不及品味当下的美好。而对于老师们来说，繁重的教学工作和班级事务，来自学校、家长、学生的多重压力，也常常让他们忘记了要好好地照顾自己。但其实，幸福并不需要宏大叙事，幸福就藏在我们的微小日常中，因此学校希望通过本次的 525 活动，让全校师生能够在每日的幸福行动中发现幸福、感受幸福、创造属于自己的幸福。

以往围绕“幸福”主题开展的心理健康教育活动形式主要有写幸福日记、记录三件好事、21 天幸福打卡等等。经过观察和调研，学校心理老师们发现参与这些活动需要耗费较多的精力进行启动，且参与者往往难以坚持完成打卡。可既然幸福是大多数人所追求的目标，为什么每当行动起来却又总显得动力不足呢？斯坦福大学行为设计实验室的创始人福格博士认为，想要培养一个习惯却总是达不到预期，问题其实并不在于个人本身，而在于行为的设计或使用的方法。也就是说，只要行为设计合理、方法得当，每个人都能养成自己所期待的好习惯。

基于福格博士提出的行为模型及以往活动的经验，考虑到学校师生时间精力的有限性，学校决定尝试采用“幸福刮刮乐”这种更加好玩有趣又轻松简单的形式，面向全校师生开展一场关于幸福的行动。“幸福刮刮乐”既包含了内容多样的幸福打卡小任务，又结合了刮刮乐这种充满惊喜趣味的形式，活动参与者每日刮开一个格子即可获得当日的幸福行动，然后根据文字提示完成任务即可。整个过程简单易操作，师生皆宜，最终的刮刮卡还能留作纪念，很适用于这种全校性的活动。

为保证活动的有效性，在活动开始前我们重点围绕以下三个方面进行了设计。

(1)打破认知误区。

基于“积极心理学之父”马丁·塞利格曼的PERMA理论，学校将幸福的五大要素，即积极情绪、投入、人际关系、意义、成就，融入“幸福刮刮乐”的打卡内容里，让师生们在一些微小日常中、在身体力行中，就能够真真切切地感受到那些曾经被忽视的幸福，从而打破原来脑海中关于“幸福就是获得成功”“幸福永远在未来”“不是人人都能得到幸福”等认知误区。

(2)促进行为改变。

基于斯坦福大学行为科学家福格建立的福格行为模型：

行为(behavior)=动机(motivation)+能力(ability)+提示(prompt)

学校设计了一套能够切实有效地激发行动的方案，以帮助师生们顺利地从“想做”过渡到“去做”。福格行为模型认为，当人们有动机、有能力的时候，只要得到提示，行为就会发生，因此我们在行动任务的难度、丰富度和趣味性，以及整个活动的宣传方面都进行了精心的策划，同时还创造了一些人际互动的窗口，通过师生互动、师师互动、生生互动提升大家的参与积极性。

(3)营造情绪氛围。

虽说幸福就藏在日复一日的平凡生活中，但一场活动的开展还是需要给予师生们足够的仪式感和活动氛围。学校通过线上线下结合的方式，包括张贴活动海报、进行国旗下讲话、小程序打卡排名、推送活动视频、开展主题班会、点亮幸福小瓶子留言板、设置抽奖彩蛋等，营造了充满“幸福感”的活动氛围。

活动的开展主要包括以下6个环节：

(1)玩法设计。

在活动期间，参与者可以每天任意刮开一个格子，然后按照里面的文字要求实施幸福行动并打卡。幸福行动任务主要源自 Action For Happiness 这个公益平台上的幸福日历中的部分内容，然后基于 PERMA 理论，再结合学校师生的实际需求，进行了创新与补充，最终共设计了 60 项幸福行动。针对全体师生，一共设计了 5 个版本的刮刮卡，其中学生版 4 个，教师版 1 个。在 4 个学生版中，学校还特意设计了一份彩蛋版，刮到“彩蛋”字样的学生在完成所有打卡任务后，可以在规定时段内来心理办公室抽取奖品。

在幸福刮刮乐的背面，我们还设计了记录幸福瞬间的区域以及标记每日幸福指数的区域，等 15 天活动结束后，大家把每天的幸福指数连起来就可以获得自己专属的幸福曲线。

此外，为了鼓励学生之间进行交流，在校园几处人流较多的地方放置了点亮幸福小瓶子留言板，并提供了贴纸和记号笔供学生们留言分享。针对老师们的分享与交流，则利用“小打卡”小程序，鼓励他们每天在小程序上进行打卡、点赞与评论，以获得相应的积分，最终我们会根据积分排名来发放惊喜大礼。

(2)物料准备。

前期需要准备的物料主要包括刮刮乐、活动海报、点亮幸福小瓶子留言墙和活动礼物。其中刮刮乐、活动海报和点亮幸福小瓶子留言墙主要是在视觉设计上需要花费较多的心思，比如需要思考如何让刮刮乐看起来简单、温馨，如何使得师生们一眼便能通过海报看懂活动的具体要求，如何激发学生在留言墙上主动分享(图 4-31)。

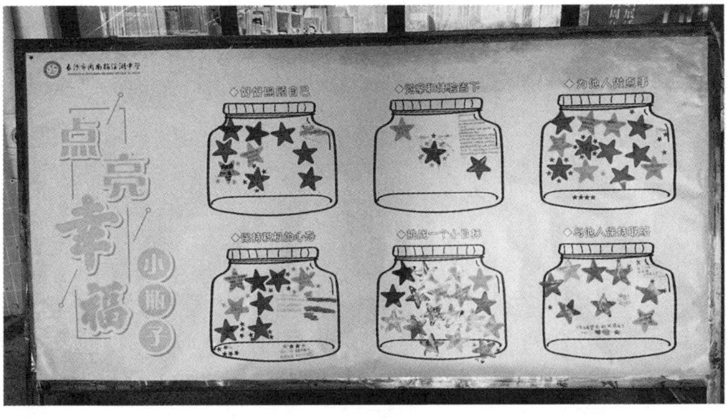

图 4-31　幸福刮刮乐活动照片

在礼物选择方面，为了提升师生们的满意度，分别选择了不同类型的礼物。面向学生，我们提供了零食类（如零食大礼包）、玩具类（如电碰迷宫）、惊喜类（如与校长午餐）三大品类的奖励；面向老师，则专门设计了健康养生奖（如养生杯）、幸福生活奖（如绿植）、工作不累奖（如电脑增高架）这三大品类。

（3）活动发布。

学校把活动的第一天安排在了星期一，在国旗下的讲话中正式向全校师生发起了这场幸福行动。与此同时，为了鼓励更多教师的参与，还特意为教师的幸福行动撰写了一段走心文案，并发布在了学校的微信群里。

（4）活动执行。

随着活动的发布，幸福刮刮乐也在周一上午以年级组为单位发放到了各位教师和学生的手中。幸福留言墙也随后被放置到了相应的位置。

（5）活动结束。

活动的收尾阶段主要分为学生和老师两个部分。

在学生部分，心理组组织抽到了“彩蛋”的学生进行抽奖；然后面向所有参与学生开展了一次“我的幸福课”主题班会，并发放了活动调查问卷，对学生的真实参与情况与反馈意见进行了搜集（图 4-32）。

在老师部分，在学校微信群里公布了本次活动参与的情况，然后根据小程序积分榜上的名单完成了奖品的发放。

（6）后期宣传。

宣传部分贯穿了本次活动的整个过程。在活动开始前，就在校园里张贴好了活动海报，同时更换了电子广告屏；活动当天，线下随机采访了师生们对于打卡行动的体会，并制作成了二次宣传视频；在活动的最后，我们又对活动的精彩瞬间做了一番回顾，并在公众号进行了推送。

“幸福刮刮乐”活动探索了一种面向全校师生开展心理健康教育活动的新形式。积极心理学的原理贯穿整个活动过程。每张幸福刮刮乐中的 15 项打卡任务均围绕 PERMA 理论中所包含的幸福五要素展开。具体又把任务细分为了“好好照顾自己、保持积极的心态、觉察和体验当下、与他人保持联络、为他人做点事、完成一个小目标”这六类，师生们的幸福体验因此得到了很好的保障。此次活动创造性地采用了刮刮乐的形式，最终有 3000 多名师生参与，受益面广且富有成效。通过“行为模型”提升了师生参与的积极性，行为设计学的原理得到了充分的利用。此次活动围绕福格行为模型中的动机、能力和提示这三大要

幸福刮刮乐活动反馈调查

挑战者姓名：

班级：

在本次幸福挑战中，我成功完成了____项幸福行动，超过了本班____的同学。

1.是什么原因导致你没有选择完成所有的任务？(打卡15天的同学请跳过此题)

2.幸福刮刮乐中，你最喜欢的任务有哪些？

3.在你完成的幸福行动中，让你最有幸福感的任务是哪一个？为什么？

4.你给这次幸福刮刮乐活动打多少分（0~10分）？为什么？

5.除了刮刮卡里的内容，你还能分享更多在生活中让人感到幸福的行动吗？

6.结合这次的活动体验，如果让你用一句话来描述你眼中的幸福，你会怎么写？

7.如果明年还要举办幸福刮刮乐这个活动，你有哪些好建议呢？请告诉我们，让下次活动更精彩吧！

图 4–32　幸福刮刮乐活动反馈调查

素，从活动形式、活动内容、活动宣传、活动奖励等多个方面进行了精心的设计，让师生们可以从微小的行动中获得幸福感，从而使得活动的参与率和坚持率得到大大提升，突破了以往活动中“参与者知易行难”的问题。“幸福刮刮乐”活动受到师生、家长、社会的一致好评。掌上长沙为我校“幸福刮刮乐”做了专题报道，同时“幸福刮刮乐”也作为优秀心育活动案例被收录到湖南省中小学心理健康教育教师岗位胜任力提升工作坊研修课程中。

“幸福刮刮乐”活动对学校今后心理健康教育活动的开展提供了以下两点

重要启示：

（1）将师生的实际需求放在第一位。心理健康活动的开展如果只是活动策划者单方面的自嗨，脱离了师生的实际需求，为了活动而活动，那么就算是花费了大量的人力物力也无法得到大家的积极参与和反馈。应该正视师生们时间少、精力不足、动力不够的现实，争取从形式上创新，主动打破困境。

（2）注重用科学的理论来指导实践。心理学本就是一门研究行为与心理现象的学科，应该充分利用自身的学科优势，也勇于借鉴其他学科的有用工具，科学地策划和组织每一次的心理健康活动。无论是活动内容，还是活动形式，都可以尝试找到合适的理论依据，争取站在前人的肩膀上去实现活动效果的最优化。

特色活动 3　治愈系心理漫画创作

每年 4 月份，学校都会举办全校参与的治愈系心理漫画创作比赛，每年的主题都各有特色。比赛结束后会将优秀的作品集结成册，供学生欣赏（图 4–33）。

图 4–33　“寻找自我治愈的力量”心理漫画征集册

其他特色心育活动

学校还有一些特色心理健康教育活动，如班级团辅活动《一起走过的我们》《请为我击掌》《很高兴遇见你》；毕业年级心理素质拓展活动《请回答——2024》《汇聚青春能量，齐心守护梦想》等。

教师特色心育活动

学校还通过开展教师心理知识竞赛、“梅好”班主任心理成长训练营、教师舒压工作坊、德育心育工作研讨会、毕业班教师团辅等教师特色心育活动，创建校园和谐心理健康生态环境，为学生幸福成长保驾护航。教师系列心理活动也获得了长沙市心理健康教育创新活动案例一等奖。

让教师的心灵洒满阳光
——周南梅溪湖中学“阳光教师”企划活动

（一）案例概要

1. 案例背景

（1）社会层面。

国家和社会十分重视和关心学生心理健康状况及心理健康素质的培养，却忽视了校园里的另一个重要群体——教师的心理健康状态及心理健康素质的提升。关注教师心理健康发展及心理健康素质的提升对学校教育教学工作顺利开展、对学生的身心健康都有着重要的意义。

（2）学校层面。

一方面，中小学教师工作压力大、工作超负荷，容易产生心理健康问题，亟须给予关怀与支持。另一方面，部分教师把心理健康教育误解为问题学生的教育，缺乏培养学生积极心理品质的理念与方法。还有一个现实问题就是学校专职心理教师少，只有对其他教师进行心理健康教育技能培训才能实现全员心育，营造出良好的心理育人氛围。

(3)思路设计。

一方面通过多种多样的活动形式引导教师积极关注自身心理健康，另一方面引导教师学习心理健康的基本知识，提升心理健康教育技能，进而营造全员心育的校园氛围。

(4)标志性成果。

教师心理健康知识指导手册、青年教师心理健康知识竞赛及高三、初三教师减压赋能活动顺利开展。

(二)主要做法

1. 系列活动的整体设计架构

图 4-34 为周南梅溪湖中学“阳光教师”企划系列活动的整体设计架构。

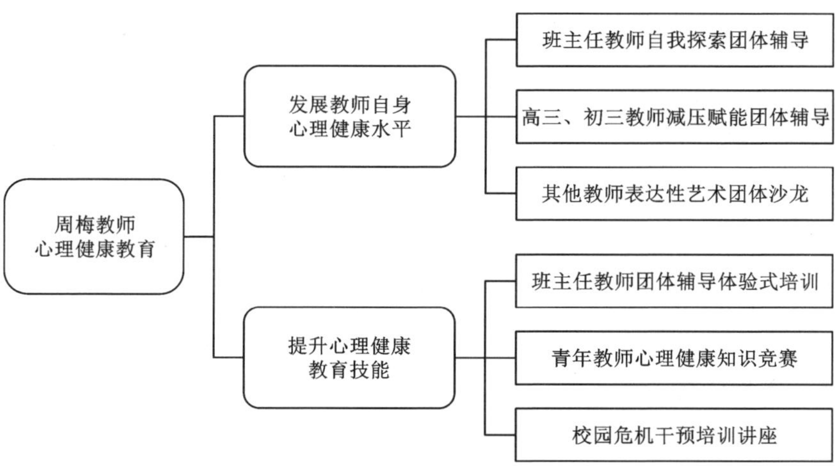

图 4-34　“阳光教师”企划系列活动的整体设计架构

2. 系列活动的具体做法

(1)倾听教师心声，贴合当下需要。

往年学校心理健康节的活动会按照自愿原则面向教师开展，参加活动的教师多是“有需求且有空”的，但活动后会收到一些教师反馈称“有需求但是没空”，因经常错过学校的活动而感到非常遗憾。所以，活动的开展需要覆盖到不同的教师群体。今年的教师团体辅导活动定位于给高三、初三的全体教师开展减压赋能，这个定位来源于心理教师听到的一位毕业班教师的心声：“你们给学生做考前减压活动做得很好，学生收获很大。其实我们老师也需要这样的关怀，我们也要上心理课，不然也要崩溃了！”后来学校通过对初三、高三年级组的调查了解到，在最后的备考时间里，确实有部分老师在工作中承担了给学生和家长做心理建设和心理减压的重担，但其实他们自己的心理压力也需要及时得到释放。的确，临近毕业，不管是学校领导还是学校心理中心都是想着怎么给学生减压赋能，却很少关心到与这些学生并肩作战的老师们是否有足够的积极的能量陪伴学生走过毕业前的备考时光。基于此，学校就开展了毕业年级减压赋能团体辅导活动。

青年教师心理知识竞赛的开展也是因为收集到了年轻老师的反馈：“我们也像学生一样玩点好玩的吧，不要只听讲座了。”所以青年教师联盟进行了头脑风暴，创新活动形式，开展了全员参与、互动性强的青年教师心理健康知识竞赛。两项活动的效果和反馈也验证了：积极倾听教师心声，根植于教师当下内心需求设计出来的活动才更有活力，更有生命力。

（2）创新活动形式，重在自我体验。

学校心理健康节的教师活动形式大多数是讲座，因为这样的活动组织简单、受众数量大，但实际上收效不佳，很多老师就当作一堂课听完了，并没有深刻的体验和感受。能将讲座中的内容内化成自我的部分作用到学生身上的，更是少之又少。金字塔理论告诉我们，“听讲”是学习金字塔中学习内容留存率最低的一种方式，平均留存率为 5%，属于被动学习；而讨论、实践、教授给他人的方式是属于主动学习，学习内容的平均留存率达到了 50%以上。所以，要想让教师在提升自身心理健康素质的同时又能将学习到的内容传授给学生，只能采用体验性强、活动性强的主动投入的学习方式。基于此，学校采用了具备主动学习特点的教师团体辅导活动（图 4-35）、教师心理知识竞赛（图 4-36）、教师心理关怀活动（图 4-37）等方式。

高三、初三教师减压团体赋能活动的名称为“神奇的一张纸”，实际上活动内容非常简单，就是团体活动中经常用到的“我为你留言”，每个人有一张自己设计的“留言纸”，这张纸以“漂流”的形式收集到每个人的积极留言（图 4-38）。不管是在写留言的过程中还是漂流纸回到手上时，每个老师都快

图 4-35　教师团体辅导活动“你好，亲爱的自己”

乐得像个孩子。这就是团体间无形的积极反馈。班主任老师在切身的活动体会中领悟到了班级团体活动的灵魂不在传授和说教，而在于团体成员之间的积极反馈与互动。参与完活动之后，有班主任老师马上将这个留言活动在班上开展，反馈效果甚佳。最后的备考时间给予学生相互支持与表达的机会，能给予学生最强大的支持！

图 4-36　教师心理知识竞赛

图 4-37　教师心理关怀活动——植入心扉

图 4-38　毕业年级教师团体辅导活动“神奇的一张纸”

(3)协同其他部门，寻找力量支持。

心理教师在学校开展活动也许最困难的部分不是创意和设计，而是活动组织的过程缺乏人力、物力上的支持。活动要开展顺利，心理教师要学会协同其他部门的支持。学校这两次教师活动的顺利有效开展，离不开其他各部门的合作助力。比如：高三、初三教师团体辅导活动的召集组织过程是工会安排的，活动过程中的道具、礼品经费支持也来源于工会。工会组织活动比心理中心单独开展工作更具人力与物力支持。青年教师心理知识竞赛的组织依托于学校的

“青年教师发展联盟”。他们在活动前期的筹备、策划、组织和宣传上也给予了有力的支持。所以，协同其他部门开展学校心育活动可以让活动组织更加顺利、活动内容更加丰富多彩，也有利于把“全员育人”的心理健康教育理念融入学校的每项工作之中。

(4)开发活动周边，留有活动“余味”。

学校认为赠送给教师一些看得见、摸得着的活动周边产品，不仅可以创造“仪式感”，还可以让教师乐于参加、乐于传播学校的心理健康教育活动。高三、初三教师团体活动最后阶段有一个校长赠送感谢卡和鲜花的环节。这次的感谢卡是经过一番精心设计的。正面印有校长的亲笔寄语，背面印有学校的标志性标识和校园美景，非常精美，颇具纪念意义。活动结束后，教师们纷纷用贺卡作为配图发朋友圈感叹活动收获。

青年教师心理知识竞赛活动，提前给每一位参赛的教师准备了一个文创帆布袋。文创袋正面是青年教师联盟的标识，以及经过改编的 PERMA 幸福理论。把原来的“relationship(关系)”改成了“connection(联结)”，寄希望于青年教师不管之前是否熟悉，不论是否是同学科，都能建立更多积极的联结，从而感受到幸福。文创袋的背面是 24 种积极心理品质组成的爱心形状，青年教师不只是年轻的、优秀的，更是幸福的、快乐的。不少教师表示非常喜欢这个袋子，背上就觉得很幸福。除此之外，青年教师心理知识竞赛活动还附赠了一本精美的学校自编的心理健康教育知识科普手册，以达到让教师了解必要的心理健康知识的目的。没想到，这本手册也很受老师们喜欢。

由此可见，活动的周边产品不仅可以创造活动的仪式感，还可以增加教师们对心理健康教育的认同感与责任感。

(三)活动效果启示

1. 特色亮点

(1)理念创新：教师心理健康教育活动的开展改变了传统的把精力全部集中在学生心理健康教育上，拓宽了学校心理健康教育的内涵。形式多样：互动性强、气氛活跃的知识竞赛形式相较于讲座更有利于将心理健康教育的理念和知识植入人心；表达性艺术的团体辅导让教师们感到放松治愈；体验式的团体辅导更有利于班主任掌握班级团体心理辅导活动开展的要领。

(2)覆盖全面：教师心理健康教育系列活动有教师自身的心理健康素质发展，也有心理健康教育技能提升，内容全面；有针对性地分别对青年教师、班主任教师、高三初三年级教师、普通教师开展活动，覆盖全面。

2. 经验启示及工作开展建议

(1)强化实践：教师心理健康教育活动是校园心理健康教育不可或缺的部分，也为积极促进全员心育、提升学生心理健康素质提供强有力支持。多开展活动，增加不同层次教师的体验与获得。收集反馈，获得更多的经验与教训以利于开展更科学有效的工作。

(2)深入研究：在已有的活动经验的基础上，寻找科学专业的理论与方法的指导来建立完善更加系统的活动课程体系，使教师心理健康教育活动序列化、专业化、系统化。

(3)调动资源：校园活动的实施开展离不开学校领导和学校各个部门的人力物力的支持，只有协调利用好了各方面资源活动才能更丰富、更顺利。以后，也应该更好地吸收校外专家的资源指导参与学校教师心理健康教育活动的开展。

表 4-10 为学校心育工作成果。

表 4-10　学校心育工作成果

项目	级别
第一届全国中小学心理健康教育成果展示一等奖	国家级
湖南省心理健康教育示范校	省级
湖南省心理健康教育优秀单位	省级
2022 年湖南省心理健康月活动案例评比一等奖	省级
《以积极的发展视角开展学校心育活动》获湖南省基础教育优秀论文评选活动一等奖	省级
湖南省中小学心理健康教育教师岗位胜任能力提升工作坊研修课程《学校心理健康教育活动》模块资源建设	省级
长沙市心理健康教育特色校	市级
长沙市未成年人心理健康辅导示范站	

续表4-10

项目	级别
心育活动“幸福刮刮乐”获得长沙市文明办未成年人思想道德建设优秀案例	市级
心育活动“心晴跑”获得长沙市儿童友好型城市建设十大创新品牌	市级
2019 年长沙市心理健康教育活动创新案例一等奖	市级
2021 年长沙市心理健康教育活动创新案例一等奖	市级
长沙市首届中小学校园心理剧比赛一等奖	市级
长沙市第二届中小学校园心理剧比赛一等奖	市级

四、女足特色：傲雪红梅，惊艳绿茵

2009 年 4 月我国正式启动了校园足球活动，中华人民共和国国务院为促进足球发展改革，允许以地方中小学校为基础而建立特色学校。特色学校由各学校通过自主申报，再由省级行政部门审核推荐、教育部综合认定。目的是希望促进青少年足球人才规模化成长，更好地推动校园足球的高质量发展。足球特色学校在校园足球发展中具有先行示范性作用。

自长沙市开展校园足球活动以来，中学生参与足球运动的兴趣变得越来越浓厚，各级教育部门对于中小学足球运动在增强学生身体素质、发挥其育人功能等方面的价值认识越来越充分，特别是现代足球事业的发展也需要高质量的后备人才的支撑。特色足球学校作为开展校园足球活动的主阵地与突破口，应运而生。

（一）校园足球　特色品牌

2015 年 2 月 27 日在中共中央全面深化改革领导小组第十次会议上通过了《中国足球改革发展总体方案》，习近平总书记在会议上指出：实现中华民族伟大复兴的中国梦与中国的体育强国梦息息相关。发展和振兴足球，既是建设“体育强国”的需要，也是举国上下的共同期待。2015 年 7 月，《教育部等 6 部门关于加快发展青少年校园足球的实施意见》提出了校园足球的普及和相关改革措施进一步深化改革方案。2020 年，教育部等七部门印发的《全国青少年校园足球八大体系建设行动计划》中提到：要巩固和完善校园足球工作制度体系，推进校园足球工作治理体系和治理能力。由此可以看出，校园足球运动在近几年来，受到了中央政府的高度重视。一系列的政策文件均提出，要对校园足球工作给予足够的关注，增加在校园足球方面的投资，加速建立全国青少年校园足球特色学校，以此为基础，通过校园足球特色校的建设，为足球改革发展提供了一条新的道路，同时也为进一步深化教育教学改革提供了经验，以点带面，促进中小学校园足球活动的开展，从而提高国家的足球普及率和足球成绩。

2015 年 3 月 16 日，国务院办公厅发布《中国足球改革发展总体方案》。方案提出：全国校园足球特色学校在现有 5000 多所基础上，2020 年达到 2 万所，2025 年达到 5 万所。并要发挥足球育人功能，深化学校体育改革、培养全面发展人才，把校园足球作为扩大足球人口规模、夯实足球人才根基、提高学生综合素质、促进青少年健康成长的基础性工程，增强家长、社会的认同和支持，让更多青少年学生热爱足球、享受足球，使参与足球运动成为体验、适应社会规则和道德规范的有效途径。

教育部原副部长刘利民曾经说过：当前，我国教育正在从人力资源大国向建设人力资源强国迈进。全面推进素质教育，提高教育质量，促进人的全面发展，促进学生健康成长，培养德智体美劳全面发展的社会主义建设者和接班人，是学校一切工作的出发点和落脚点。开展青少年校园足球特色学校建设意义重大，一方面是贯彻落实党的教育方针，坚持立德树人根本任务，促进学生德智体美劳全面发展的必然要求；另一方面是培养我国的足球人才，改变我国足球落后局面的重要条件。学校需要积极开展特色文化建设实践，挖掘足球文化内涵，引领校园足球运动持续发展，实现校园特色文化的迭代与传承。

周南梅溪湖中学始终坚持以办好人民满意的教育为目标，全力打造和谐校园、书香校园、平安校园，积极开展规范化、系列化、多样化的体育活动，特别是通过参评国家校园足球示范校这项活动，我们抢抓机遇，试图利用好“足球”这个媒质，将之与我们的校训“勤朴、诚善、谦雅、弘毅”结合起来，努力让“足球精神”深入学生的精髓，让团结协作、勇于突破的思想贯穿学生一生，努力打造精彩纷呈的足球文化。我校积极组织体育教师学习足球特色学校的相关精神，推广普及足球运动，提高学生对足球的兴趣，培养学生体育锻炼的良好习惯，高度关注国家关于足球特色学校的政策，高度重视学校体育和学生体质健康，着手打造一所具有品牌特色的足球学校。

周南梅溪湖中学建校 10 年以来，学校不仅发掘和培养了一批优秀的足球苗子，也让越来越多的青少年女足运动员多了一条考上大学、考上好大学的道路。我们极大地提升了校园足球水平和学生的综合素质，有力地推动了学校阳光体育活动的开展，推进了学校体育工作的科学发展，促进了学生身体健康、人格健全、品质坚毅，学生的合作意识大大增强，取得了显著成绩。

(二) 红梅初绽 追“球”卓越

2015 年 5 月 23 日，周南梅溪湖中学建校不到一年时间，学校为打造办学的特色项目，正式成立周南梅溪湖中学女子足球队。

2017 年，湖南足球青训中心选择我校作为湖南省女足后备人才梯队的培养基地和省女子足球队的共建单位，从而以体教融合的方式加速推动了我校女子足球队伍的发展。

周南梅溪湖中学女子足球队，起步晚，发展却快。在一系列系统专业科学的训练下，快速发展，一路高歌猛进。

短短 9 年，周南梅溪湖中学女子足球队参加各级比赛获冠亚军二十多次，还为学校获得了“长沙足球优秀学校”“全国足球特色学校”“湖南省校园足球突出贡献学校”等荣誉称号。“女子足球工作室”分别被评为“长沙市教育局青年文明号”和“长沙市青年文明号”。图 4-39 为何佳怡同学代表国家征战 2023 年东亚青年运动会荣获亚军，图 4-40 为何佳怡同学参赛纪念照片，图 4-41 为 2018 年初一年级学生何梓琳、邝子涵入选 U13 国少队。

图 4-39 何佳怡同学代表国家征战 2023 年东亚青年运动会荣获亚军

图 4-40　何佳怡同学参赛纪念照片

图 4-41　2018 年初一年级学生何梓琳、邝子涵入选 U13 国少队

足球界权威纷纷为学校女足题词，祝愿周南梅溪湖中学女足练好基本功，快速成长，为中国足球贡献一份力量。图 4-42、图 4-43 为足球界权威为学校女足题字。

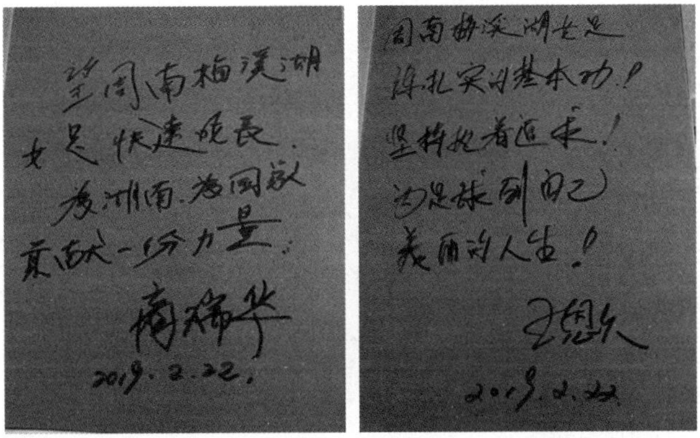

图 4-42 足球界权威为学校女足题字

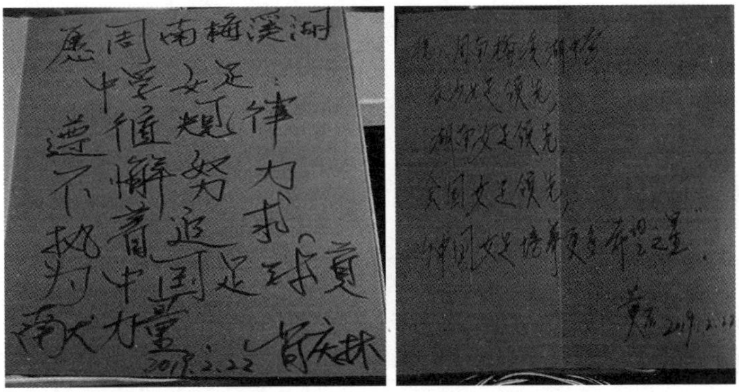

图 4-43 足球界权威为学校女足题字

(三)绿茵渐浓 “足”够精彩

1. 明确指导思想，强化思想引领

周南梅溪湖中学女足以“乐学、艺精、修身”为理念，确定队歌、队旗，拥有属于自己的口号“做最优秀的自己”；建立健全学校女足体育工作机制，调动学生参与足球的积极性，让学生体验足球的快乐、享受体育的快乐。做强、做实、做响周南梅溪湖中学足球特色品牌，进而创建足球特色学校。图 4-44 为周南梅溪湖中学足球队队歌。

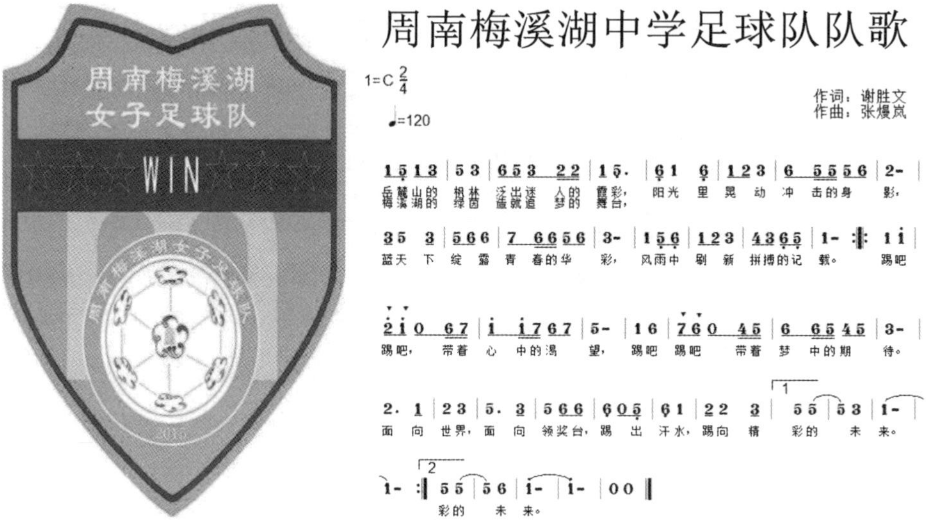

图 4–44　周南梅溪湖中学足球队队歌

2. 加强组织领导，完善规章制度

周南梅溪湖中学作为足球特色学校，组建学校校园足球领导小组是职责所在、使命所然。履行和承担贯彻落实校园足球工作的部署要求，以《全国青少年校园足球活动实施方案》为宗旨，全力增强学生体质，丰富学校体育活动，营造校园足球氛围，提升学校特色文化，培养青少年拼搏进取、团结协作的精神。有了足球领导小组的组织领导，学校才能建立完善长效发展机制，才能进一步健全和完善学校校园足球活动组织管理机构，才能逐步建立分工合理、职责明确、运行规范、服务周到的工作机制。

学校健全工作机制，成立了由后勤副校长负责，体育教研组长主抓，各科室主任、班主任、体育组全体老师参加的学校足球领导工作小组，全面负责学校的足球工作。学校定期召开校园足球工作会议，在认真研究学校和学生的实际情况的前提下，制订详细计划，做到任务明确、责任到人，活动内容丰富多彩、活动形式注重创新。

在全面提高学生素质的思想指导下，学校认真落实体艺 2+1 精神，始终把提高学生素质、培养学生良好品质和健康心理作为体育工作的出发点。把实施素质教育和提高学生体质健康水平当作学校体育工作的中心任务来抓，严格按照体育与健康课程标准及有关规定开展体育教学和校园足球工作。

学校统筹规划，将校园足球纳入学校五年发展规划，在学校文化建设中突出体育文化建设，尤其是校园足球文化建设。在每年制订的年度计划中，将足球特色学校建设作为一项永不竣工的工程来抓，严格执行各项计划，确保计划落到实处。

学校制定并完善《周南梅溪湖中学2016年校园足球工作制度》《周南梅溪湖中学足球活动应急预案》《周南梅溪湖中学足球队训练管理制度》《周南梅溪湖中学校园足球活动领导工作小组》《周南梅溪湖中学足球活动安全小组》《周南梅溪湖中学校园足球活动督导小组》等规章制度，并且不断完善，保证了学校足球工作的全面、健康、和谐发展。

3. 配齐配强体育师资，建设一流体育设施

（1）配齐配强体育师资。学校现共有在籍运动员105人，已形成了小学到高中的女足梯队，各梯队配备了优秀的教练团队，共有9名足球专业教练，其中中国足协A级教练员2名、B级教练员2名、C级教练员3名、D级教练员各配备2名。学校注重体育教师继续教育，先后派出体育教师参加各种培训和学习足球，教练经常被市教育局、体育局抽调，担任各类比赛裁判工作。完善的梯队建设和系统专业的训练，带领周南梅溪湖中学女足获得快速发展。

（2）场地设施建设完备。一流的体育场地，齐全的体育器材，充分满足了师生锻炼身体的需求及不同体质学生锻炼的多样性需求，保证了校园足球活动的有序开展。体育运动离不开完善的体育场馆和充足的体育器材：周南梅溪湖中学优化体育场馆建设，学校建有高标准400米田径场，十一人制足球场和五人制足球场各一个，室外篮球场8片、室外乒乓球桌8张、单杠20个；学校体育馆设有篮球场、武术房、跆拳道房、力量房等体育场所，体育设施和器材一应俱全。

（3）体育经费保障充足。学校设立有体育工作专项经费，并纳入学校年度经费预算，原则上每学年生均体育教育经费不低于10%，保证了体育和校园足球工作的正常开展。在实施投保校方责任险的基础上，建议家长为学生购买意外伤害险。学校组织重大体育活动时，也会为参赛学生购买运动意外伤害险。

4. 课程设置规范科学，校园足球文化浓厚

（1）教学理念先进。学校始终坚持健康第一，把足球作为立德树人的载体，积极推进素质教育，促进学生全面发展，健康成长。

（2）保证体育时间。坚决保证学生每天锻炼不少于一小时，严格按照国家规定的课程标准开足开齐体育课，每班每星期两个课时，坚决杜绝减课、占课，甚至不开课的现象。体育课加大足球教学比例，保证一课时上足球课或开展足球相关的活动。通过大课间、体育课、专题足球课等方式，加大了足球相关知识、技能的普及力度，足球课已成为学生最喜欢上的课之一。

（3）加强教学教研。学校率先承担了湖南省级课题——《校园足球特色模式构建》的研究。学校体育组每周四上午的教学组会议，会探讨体育学科专业问题，讨论如何更好地开展学校校园足球活动。足球工作室每周五上午教练员集体备课，并开展足球工作例会，总结上一周训练情况和布置下一周足球训练工作。集体备课，互相交流学习，共同商讨学期训练计划、周训练计划、日训练计划。教练组对队员上一周训练、学习、生活方面情况进行总结，根据表现优胜劣汰。

（4）积极营造浓厚的校园足球文化，为开展校园足球活动营造舆论氛围。学校在师生中倡导“校园足球文化”，通过以“玩足球、画足球、讲足球、赛足球”为主要形式的“校园足球文化节”活动来宣传足球知识，普及足球活动。

5. 不断规范足球训练，日臻完善竞赛制度

（1）科学组织训练。周南梅溪湖中学高度重视足球队的训练情况，基本形成了教师有特点、学生有特长、比赛有成绩、社会有影响的学校足球运动队建设模式。按照要求做到了“五个落实”，即教师落实、队员落实、时间落实、场地器材落实、经费落实，从而有力保障足球队的训练和比赛。教练员管理严格，训练科学，并配备了安全、医疗等应急方案。定期邀请校外专业教练员提供技术指导。

（2）建立竞赛制度。加强对外比赛，根据女足队员表现，确定参赛队员名单，安抚好未参赛队员情绪。制定好比赛期间的规章制度；保障队员衣食住行，特别是加强对垃圾食品等违禁品的管理；监督队员手机等电子产品的使用情况。不断完善校内足球竞赛制度，每年定期组织校园足球班级联赛，每年每

个班级参与比赛场次不少于 10 场。

（3）支持学生发展。周南梅溪湖中学是全国校园足球特色学校，为了更加广泛地推广足球这项运动，让孩子们爱上足球、爱上体育锻炼，学校体育组在初一初二年级开始推行足球基本技术教学，已经做到了每星期的体育课中有一节足球课。学校鼓励有天赋、有潜力的学生参与校外足球训练、培训和比赛，为学生提高足球竞技水平和运动能力创造条件。在女子足球队的培养过程中，贯彻落实“健康第一，综合发展”的教育理念，树立校园足球活动在学校体育中的核心地位理念，并秉承“足球引领，多元共进”的特色发展思路。

（4）均衡文化学习。参赛期间，辅助随队文化老师工作，督促队员学习文化课，科任教师在球队比赛期间，专门为队员布置作业并通过多媒体进行改错讲解。参赛归来，科任老师为球队队员补课。日常训练中，科任老师针对足球生在每周日 14：10—14：50 及 15：00—15：40 两节课上开展培优辅潜工作。特殊时期则停训备战考试，如初中二年级生地会考时会增加一节晚自习备考。

（5）科学管理生活起居。以校领导、中层领导、班主任、教练、宿管老师和家委会形成合力，全方面管理球队。在寝室方面，队员集中住宿，由宿管老师 24 小时昼夜管理；指导队员开展文明、健康的宿舍活动，如发现不文明行为，及时报告给班主任及教练；每周负责给队员宿舍表现评分，并把情况反馈给班主任及教练；在队员伤病、家长不能及时赶来的情况下须带队员就诊；杜绝智能手机的使用，队员只能配电话手表、老年机。在饮食方面，湖南省青少年足球训练中心为每名队员每餐补助 6 元，食堂负责人根据每周的菜单为队员配置营养餐；每天 21：00，补充牛奶、面包；每周星期二、四喝牛骨汤；杜绝一切垃圾食品。在医疗方面，学校和湖南省青少年足球训练中心专门为队员配置了两台治疗仪；配置了两台制冰机；运动康复师每周两次到校为队员检查治疗。

近年来学校以校园足球活动为平台，形成了浓厚的学校足球文化特色，提升了办学品位。学校通过校园足球运动增强了学生体质，树立了师生的团队意识，用“足球精神”激励师生努力工作和学习，打造了健康、和谐的校园文化。我们将一如既往地普及足球运动在校园内的开展，在克服自身存在的不足的基础之上，不断丰富足球运动形式，深挖足球运动与学生德育、智育、美育之间的内涵关系，促进学生综合素质的全面提升。

(四) 周梅女足　光彩夺目

用汗水浇灌青春梦想，用奋斗谱写青春之歌。周梅女足，展现了中国青少年自信从容、健康阳光、活力向上的良好形象(图 4-45)。

图 4-45　周南梅溪湖中学女足获得的部分奖杯

周南梅溪湖中学女足系列荣誉如下：

2017 年全国青少年冠军杯赛荣获全国一等奖。

2018 年湖南省青少年足球赛俱乐部超级联赛荣获冠军。

2019 年、2020 年、2021 年分别荣获长沙市足球联赛初中女子组冠军。

2021 年、2022 年分别荣获湖南省校园足球比赛初中女子组一等奖。

2019 年荣获长沙市足球联赛高中女子组亚军。

2020 年荣获长沙市足球联赛高中女子组冠军。

2020 年荣获中国足协杯初中女子组亚军。

2021 年荣获湖南省足协杯高中女子组季军。

2022 年荣获湖南省校园足球联赛初中组冠军、高中组亚军。

2022 年荣获湖南省第十四届运动会女子足球冠军。

2023 年荣获湖南省第十五届运动会女子足球亚军。

2023 年荣获湖南省青少年足球锦标赛女子乙组冠军。

2023 年荣获足球协会青少年锦标赛女子甲组冠军。

在校园足球的建设和发展中，校园足球特色学校作为校园足球发展的主力起着举足轻重的作用。校园足球特色学校肩负着推动足球发展与改革的重任，它不仅可以推广与普及校园足球，可以探索出一条适合我国青少年足球的发展之路，还可以担负起深化教育教学与学校体育改革发展的任务，校园足球特色学校所获得的发展经验，将会被推广到其他的校园体育活动之中。

在国家相关部门的指导下，学校的校园足球事业已经取得了一定的成绩，普及和发展体系已经初步成型，各项工作在不断地完善之中，影响力也在不断地提升。学校进一步完善了足球特色学校人才培养策略，促进了足球特色学校人才培养的科学化，为校园足球人才培养提供了可行的经验借鉴并积极推动了校园足球的人才培养工作。

五、劳动特色：梅开五彩育芬芳，智慧劳动润心田

新时代党对劳动教育提出了新要求，劳动教育兼具树德、增智、强体、育美的综合育人价值。伴随着科学技术的发展，人工智能对教育方式的变革产生了重大影响，学校通过对普通中学劳动教育现状分析发现：一是普通完全中学作为劳动教育主阵地，针对学校特点寻找科学、长效、可持续的劳动教育实践活动的模式是目前学校解决劳动教育的一个重要突破口，若形成可推广的范式，使学生广泛参与实践并受益，意义尤为重大；二是数字人工智能时代，融合新技术，升级传统劳动教育实践活动，形成智慧劳动教育实践模式，是新时代对劳动教育的新要求。

学校秉持五育并举、劳动育人理念，积极开展劳动教育实践。学校创建了基于数字人工智能特点、适应于城区学校特征的设施先进、功能多样的智慧劳动教育实践基地，积极开发劳动课程、建设智慧基地、开辟智慧融合课堂。通过新技术的支持，我们希望能建构新形势下结合新技术适应普通完全中学劳动实践活动的实施模式，初步完成中学智慧劳动教育的学校课程和实践体系，形成可推广的新技术支持下的多主题多学科融合劳动实践活动模式。我们期待新技术支持下创新劳动教育实践模式能够推广并应用于实践。在“梅文化”引领下，学校构建了新时代劳动教育课程体系，积极开展劳动教育的实践和研究，并不断创新提升劳动教育水平。2022 年成功申报了长沙市劳动教育示范校，2023 年申报成功并获批长沙市教育局“基础教育国家级优秀教学成果推广示范区”建设第一批典型示范校。

（一）领导重视，精细组织，规划先

在长沙市内劳动教育未整体规划推行之时，学校领导高瞻远瞩，先人一步规划，高度重视。为全面实施劳动教育，加强组织领导，明确责任，学校分别成立了劳动教育的领导小组、工作小组、指导小组。领导小组由校长吴伟担任组长，副校长王晓红担任副组长，其他校级领导担任组员，主要做好劳动教育整体规划，顶层设计。工作小组由督导评价中心主任担任组长，学生成长中心、教师发展中心、后勤保障中心等相关处室主任、年级组长分别担任副组长或成员，负责每年劳动教育方案的制定和各部门联动开展劳动教育的实施和综合评价。学生成长中心重在劳动实施，规范学生日常清洁整理、学生值日、劳动大扫除等常规劳动，并规划好每期一次的劳动周，家校社联动，积极开展举办相关实践活动，如“巧手节”“科技节”等。教师发展中心重点规范课程，开足劳动课时，指导劳动课堂实施及评价。指导小组则由正高级教师秦有才担任组长，劳动、生物等多学科老师为组员，指导教师开展劳动教育研究，做好课程开发和研究，督促落实，科学评价等，建设劳动教育教师队伍，促进学校劳动教育水平持续提高。

（二）文化为帆，课程系统，实施实

1. 建构统一课程体系下“白梅”劳动特色课程体系

在学校文化引领下构建科学的劳动课程体系，是开展劳动教育的关键途径。周南梅溪湖中学在“梅文化”引领下坚持五育并举建构了“梅开五彩”课程体系、五类课程群体系（图 4-46）。

其中“白梅课程”劳动综合素养课程包含四大模块：“元”课程—劳动基础课程；“亨”课程—劳动特色实践课程；“利”课程—劳动多学科融合课程；“贞”课程—劳动综合拓展课程体系（图 4-47）。

2. 开展长主题项目化实践活动模式的实践

周南梅溪湖中学根据各年级学生的年龄特点对全校学生实践活动进行整体规划，主要进行常规个体日常生活劳动如清洁整理、卫生值日和大扫除等。校外开展农业和工业生产和服务业实践，劳动周、研学等实践活动，学校、家庭、

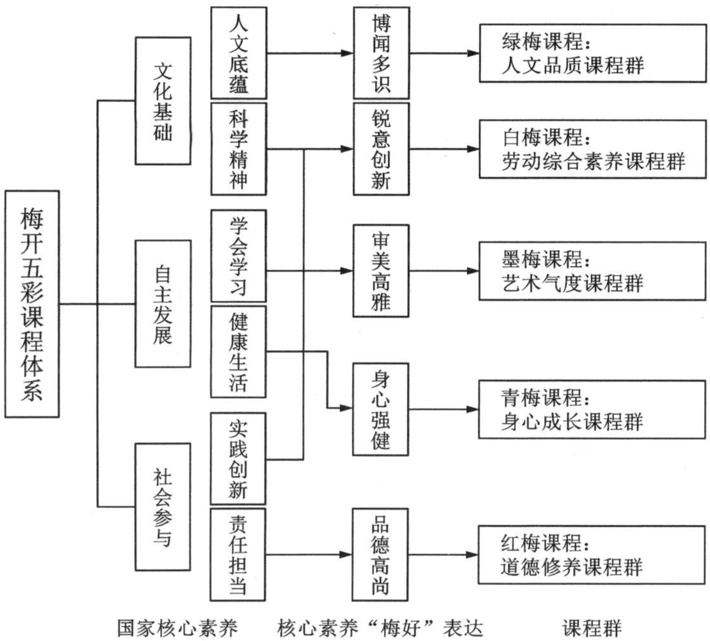

图 4-46　“梅开五彩”课程体系

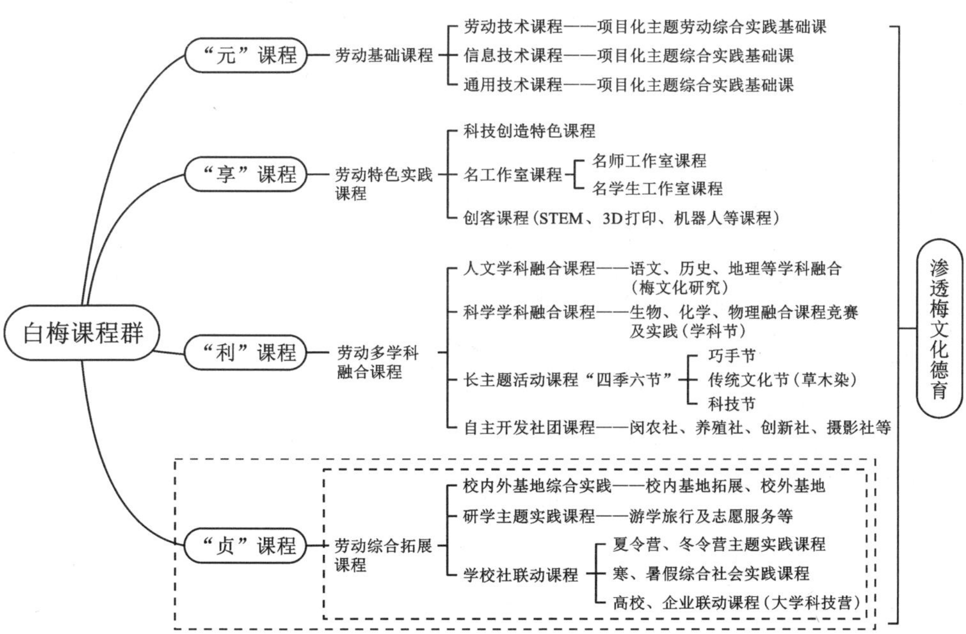

图 4-47　白梅课程群

社区联动，针对不同年级的学习任务进行“长主题”项目化实践。任课教师每期选择1~2个主题，设计对应“元、亨、利、贞”课程模块，分主题形成系列项目体系，在实践中提高学生劳动素养。如开展“护梅”劳动教育综合主题实践活动，围绕“梅文化”对各课程模块下的项目进行精心设计和实施（表4-11）。

表4-11　“护梅”劳动教育综合主题实践

课程总主题	归属课程模块	分主题	项目名称
“护梅”劳动教育综合主题实践	“元”劳动基础课程	初识梅花	梅花的类属、梅花的特点
			校园寻梅、赏梅行动（摄影行动）
		育梅有方	梅树的栽培、品种改良（嫁接）
			梅花的管理（追肥和间枝等）
			梅园的病虫害及防治
	“亨”劳动特色实践课程	梅之文化	中国文化与梅历史探究
			校园梅文化、梅花的品质研究
			梅诗梅词鉴赏及背诵比赛
			梅与国画及书法比赛
			校歌与梅及歌手大赛
			梅与草木染、刺绣
“护梅”劳动教育综合主题实践	“利”劳动多学科融合课程	梅与科艺	梅花的品质转基因的种植和文创产品研发
			植物生长调节剂在梅花种植技术上的应用探究
			梅花的杂交和自交
			梅与盆栽
		梅与美食	杨梅酒、青梅酒的制作和产品研发
			梅子泡菜、手工溜溜梅的制作
	“贞”劳动综合拓展课程	梅之拓展	护梅主题——校外劳动基地综合实践（全程培育管理）
			春季赏梅游学、寒暑假综合社会实践（梅文化、鉴赏、品种调查、栽培等）
		梅延万物	①“一粒米、一滴油、一尺布，春种一颗粟活动”巧手节； ②做花灯、衍纸首饰、编织等

实践过程中，分年级制作劳动清单，根据学生年龄特点合理安排劳动任务，以体力劳动为主，利用劳动实践基地开展众多的、经常性的劳动实践活动，将劳动实践与综合实践、科学研究结合起来，打造学校劳动实践的新特色。

（三）学科融合，智慧劳育，模式好

劳动教育以往是以碎片化分布于各学科中，当下周南梅溪湖中学从学科融合、智慧课堂、创新教育等方面进行了大胆实践。

1. 学科融合实践

周南梅溪湖中学生物学科根据学科特点与劳动实践融合进行了一些高阶的综合实践活动。比如师生们进行的小麦、无籽西瓜、转基因棉花、无土栽培水稻等种植和文创产品研发以及传统杨梅酒、醋、汤系列的制作和产品研发，通过融合生物、物理、历史、美术等多学科，学生从不同角度进行了实践，形成了系列的成果，也促进了相关教师的专业成长。如教师撰写的《西瓜的培育及生化研究的综合实践活动》等五篇论文在国家核心刊物上发表。

2. 基于新技术的劳动智慧课堂研究

学校采用统一主题，项目化小组探究实践学习的智慧云课堂或云直播的形式：课前，教师线上调研；课中，教师将实践场景和学生体验视频实时同步呈现；课后，利用 AI 课堂对学生的实践情况进行实时评测，发布作业，在线辅导，呈现成果。教师根据教学需要，制作劳动教学视频、微课、动画，开展教学直播，同步建设“云课堂”教学资源。如美术教师的草木染之《扎染》作品深受学生喜爱和专家好评，吴万紫老师制作的“留住维生素”等系列案例入选教育部劳动教育资源包。

3. 建设基于新技术线上线下智慧基地

劳动教育是培养学生动手实践能力和创新思维能力的重要途径。周南梅溪湖中学 2017 年就开始积极争取和筹集 80 多万元资金，充分运用校园空坪隙地，建立校内种植基地，并逐步利用“物联网+互联网”技术建设智慧劳动教育基地。不仅为学生提供实实在在的实践和探索的场所，而且积极与新时代的新技术、新理念结合，建设适合城区中学的劳动智慧基地。基地主要有以下

部分。

(1)多元智能的劳动种植、养殖基地。

学校种养基地进行多元分区，在劳动基地开辟了智慧大棚，基地进行智能化装备。如远程监控系统、温湿度传感测量装置、土壤检测装置，以及基于数据检测的喷灌系统。学校组织学生借助智能设备高效地开展一些研究性的劳动综合实践，提高劳动效率，培养劳动素养。

(2)基于实体的物联智慧网上劳动基地。

学校建设了互联网上劳动实践基地。网上基地与劳动基地的高清视频监控和教室智能黑板连接，可随时通过监控系统观察基地情况。真正实现了基地的利用最大化，同时激发了学生劳动兴趣。

(3)面向未来的多元创客基地。

学校建立了劳动创客实践基地，主要包括创客工作室、3D 打印创新实验室、机器人创新实验室等，为学生进行创客活动、3D 打印的作品设计、机器人的设计与组装等新技术劳动实践提供实践场所。

(4)积极进行多主题轮动实践。

学校结合自身实际开展了多主题轮动劳动实践，主要从学科融合、智慧课堂、智慧基地及运用等方面进行了大胆实践。如“乐生活”系列中的“丰收节”系列活动开展得有声有色。

1)劳动教育基地实施计划。

习近平总书记在全国教育大会上明确提出：“努力构建德智体美劳全面培养的教育体系，形成更高水平的人才培养体系。”劳动教育是新时期党对教育的新要求，是中国特色社会主义教育制度的重要内容。劳动可以树德、可以增智、可以强体、可以育美，具有综合育人价值。自 2020 年中共中央、国务院印发《关于全面加强新时代大中小学劳动教育的意见》以来，各地教育行政部门和中小学校都在不断积极探索与落实，劳动教育呈现出欣欣向荣的态势。劳动教育作为学校的一项特色课程，受到高度重视，劳动实践活动精彩纷呈。

周南梅溪湖中学
劳动教育基地实施计划

2)课程设计。

根据课标要求，中学阶段的劳动教育涵盖日常生活劳动、生产劳动、服务性劳动这三大模块相关内容。为强化劳动育人实效，充分发挥劳动育人功能，周南梅溪湖中学将生产劳动中的农业生产劳动开展作为项目化研究的劳动之一。其中校内劳动实践基地丰收节实践活动开展较好。课程设计如下：

劳动内容：生产劳动

项目名称：农业生产劳动

劳动任务：校内劳动实践基地班级菜园活动、校园蔬果采摘活动

劳动要求：初步掌握根据当地条件和需求，规划设计种植、养殖劳动活动并加以实施的基本技能，形成热爱农业生产、关心农业发展，以及注重农业安全、食品安全的意识，形成辛勤、诚实、合法劳动及进行创造性劳动的劳动品质。

开展形式：日常班级劳动

协同部门：督导评价中心、学生成长中心、年级组、各班班主任、劳动老师

3）基础保障。

学校根据劳育要求，先后投入了100万元资金用来满足劳动教育需求。除投入80多万元建设实践基地外，还对劳动教育的教学研究、人员保障、耗材、工具提供充足保障，及时研究解决实施过程中的问题，注重安全教育，安全条件保障到位，及时发现、排除劳动教育实践活动中的各类安全隐患，防止安全事故的发生。

4）活动组织机构。

领导小组

组　长：曹共平、吴伟

副组长：王晓红、李冠男、马海金

组　员：汤应宇、符豪良、张宇、许晴、甘炜、周军苏、李玉霞、吴伟娥、李艳波、曾槐、黄馨怡、旷有元、嵇志勇

工作小组

组　长：王晓红

副组长：汤应宇　李玉霞　吴万紫

组　员：初一年级组长、初一各班主任、学校悯农社社团指导老师、劳动老师

4. 活动实施

(1) 班级菜园责任划分和种植实施方案。
(2) 班级菜园活动全记录。

班级菜园责任划分和种植实施方案

班级菜园活动全记录

(3) 班级菜园丰收节活动情况。
1) 劳动教育基地丰收节活动方案。
2) 举行班级菜园丰收节活动。

劳动教育基地丰收节活动方案

蔬菜丰收节活动

第二届劳动基地丰收节

(四) 师资强劲，多元评价，路径新

周南梅溪湖中学在已有正高级专职教师秦有才的基础上，专门招聘了劳动教育教师，现共有 3 名专职教师，同时又有通用技术老师戴启迪，信息技术老师武涛、万仁敏，生物等其他学科老师如邓久波、李嫒、吴伟娥、刘任池等近三十名兼职教师，形成了一支人数充足、专兼结合、相对稳定的高水平劳动教育师资队伍，保证了教学研究、学科融合、劳动实践的开展。

在周南教育集团的支持下学校还创建了省内第一个市级劳动教育名师工作

室——“秦有才劳动教育名师工作室”，进一步提升了劳动教育水平。

学校构建了劳动观念、劳动能力、劳动品质、劳动精神四个维度多元综合评价体系。劳动实践过程中使用劳动任务清单、劳动记录清单、劳动评价清单等形成过程性材料，进行常规评价，评价结果作为学生学期评定、学年鉴定的重要指标，记入学生综合素质评价档案，并作为学生评优评先的重要参考和毕业依据。除此之外搭建了以下 4 个综合评价平台，进行多元评价。

1. 合格性综合素质评价平台

学校充分利用市“人人通”平台和省综合素质平台作为对初高中学生劳动综合素养的综合评价平台。由学生适时上传相关图片及文字，注重过程性评价和成果性评价的结合，重点关注面向全体学生的合格性评价。

2. 奖励性学校网络评价平台

每年寒暑假学生的劳动实践会通过学校网站及时上传，学校进行综合评价，在开学初统一评优，适时评选出优秀班级和优秀个人，并在升旗仪式上及学校网站、公众号平台上进行展示。同时，学校会保证评价的质量，着重奖励性评价。

3. 特长性名师名生工作室评价平台

学校成立名学生工作室，组织学生参加创造发明、机器人等比赛，以推荐发表论文、申请专利等方式，给优秀学生群体提供最佳实践和研究、评价平台，并推广发展团队，重点关注创新拔尖人才的培养和评价。

4. 展示性“四季六节”节日活动评价平台

为落实活动育人，面向全体学生，学校开展一年“四季六节”活动，其中为劳动教育专设“巧手节”，学校科技节、传统文化节、梅花节均融合了劳动教育和综合实践内容。这些活动既为全体学生提供了丰富的实践、展示和提升的平台，也是对全体学生全面进行综合评价的平台，让学生实践、展示、自评、互评融合一体，真正实现多元立体评价。

对于劳动教育教师评价则按照学校统一评价标准从现实表现、教育水平、教学实绩、教研水平等这四个维度进行综合评价，以等级呈现评价，纳入学校整体评价体系。

(五)厚积薄发，成绩斐然，成果美

1. 学校在劳动教育成果评选中，获得多项省级奖项并接受表彰

(1)学校开展的包含劳动教育在内的《梅文化引领学校高质量发展的探索与实践》获得长沙市基础教育教学成果一等奖及湖南省基础教育教学成果三等奖。

(2)学校的10多位老师参与了共计3套劳动教育教材的编写，被湖南省教育科学研究院聘请为专家。秦有才老师作为主编，参与由湖南省电子音像出版社出版的《劳动教育》一书的编写。

(3)吴万紫老师制作的“留住维生素”等系列案例由省市表彰推荐，入选教育部劳动教育资源包。

(4)学校劳动教育正高级教师、特级教师秦有才受邀面向全省进行相关讲座报告，介绍推广学校经验，受到省市级表彰。

2. 参与多项省级劳动课题研究

(1)由叶双秋校长主持的湖南教育科学“十三五”规划课题《“梅文化”引领学校德育教育的实践与研究》，其中广泛涉及劳动教育在德育方面的实践和研究，已经成功结题。

(2)由秦有才主任主持的湖南省教育学会“十三五”规划教育科研重点课题《开展创客教育培养中小学生创新能力的研究》子课题《学校创客空间建设与实践研究》已成功结题并获得湖南省一等奖。

(3)由叶双秋校长和秦有才主任主持的全国教育科学“十二五”教育部规划课题《校本科研引领和促进基础教育质量提升的研究》总课题下的课题《“梅文化”引领学校德育教育的实践与研究》，已经成功结题，并获得A等。

(4)2021年，学校申报了湖南省规划课题《城区学校“物联网+”劳动教育实践基地建设研究》，成为湖南省机器人科技教育学会重点课题并成功结题。

(5)2023年5月，由汤应宇主任主持的湖南省教育科学“十四五”规划课题《“双减”背景下区域中小学劳动教育实践路径研究》(课题编号：XJK23BJC016)子课题《基于新技术的劳动教育实践活动实施路径研究》已成功开题。

3. 劳动教育和做法被省级行政部门和媒体宣传推介

（1）学校积极参加基础教育国家优秀教学成果推广应用示范区“综合实践活动课程建设、推广与实施成果推广”，2023 年 4 月 10 日现场推广会在学校举行，学校的相关做法面向全市乃至全省其他学校推广。

（2）由王晓红校长、汤应宇主任执笔撰写的介绍学校智慧劳育做法的文章《智慧劳动：双网融合基地上的课程建设》，在省级期刊《年轻人》“智慧五育”专题中进行推广。

（3）学校劳动教育经验和做法被湖南教育电视台、湖南教育网、华声在线、中新网、《潇湘晨报》等多家有影响力的媒体宣传推介。其中，新湖南对学校劳动（非遗）项目草木染进行报道；央视新闻总台湖南总站对学校高考前端午节学生自制粽子寓意“一举高‘粽’”进行报道；湖南教育电视台对学校校园丰收节收获红薯芋头进行报道。

“雄关漫道真如铁，而今迈步从头越”，未来劳动教育从传统的零散方式向智慧劳动转变是一个必然的趋势。我们将会适应新时代的智慧劳育新形势，更系统、更全面地向未来的发展方向不断深入探索和实践。

六、科创特色：辟科技创新新赛道，铸魅力周梅新辉煌

“创新是一个民族进步的灵魂，是一个国家兴旺发达的不竭动力，也是中华民族最深沉的民族禀赋”“创新是引领发展的第一动力”。科技创新，这个充满无限魅力和活力的领域，始终是人类社会发展的重要推动力。在历史的长河中，科技的每一次飞跃都伴随着人类对未知世界的探索和对美好生活的向往。如今，我们正处在一个前所未有的科技创新高潮，各种令人惊叹的科技成果层出不穷，为人类的生活带来了翻天覆地的变化。在这个充满激情与梦想的时代，周南梅溪湖中学师生们一起探寻科技创新的奥秘，感受科技创新带给我们的无限可能。

（一）抓住科创“牛鼻子”，开辟科创新赛道

随着经济全球化的发展，科技创新成为推动经济发展的关键力量，新技术的应用能够提高生产效率，创造新的产品和服务，从而促进经济增长。科技领

域内部的积累和发展也是推动科技创新的重要因素。科学研究的深入和技术的进步为创新提供了理论基础和技术条件。在国际舞台上，科技实力往往直接关系到一个国家的综合国力和国际地位。因此，各国政府都高度重视科技创新，通过政策支持和资金投入，鼓励科技创新活动。随着生活水平的提高，人们对于健康、教育、交通等方面的要求越来越高，这些都促使科技创新不断前进。高素质的科技人才是科技创新的重要保障。各国通过教育体系的改革和优化，培养了大量的科技人才，为科技创新提供了人力资源支持。科技创新是在经济发展需求、社会问题解决、科技进步自身、国际竞争、历史经验、政策驱动、公众期待、科技人才的培养以及跨学科融合等多种因素共同作用下产生的。这些背景因素相互影响，共同推动着科技创新的发展。

2014 年 9 月，周南梅溪湖中学建成，学校领导班子成立并正式向外招生。新学校的建立，亟须解决立足点、确立定位的问题。怎么样引导学校向真正的名校、高水平校发展，是摆在学校领导面前的非常重要的问题。学校领导班子经过充分讨论、研究，最终确定了以梅文化引领学校发展的理念，形成了学校的目标。其中一点就是要建立以梅文化教育为核心的人才培养体系，提高人才培养质量和水平。党的十九大报告中指出："创新是引领发展的第一动力。"学校的可贵之处是把科技创新教育作为学校教育的基础工作来抓。当前，教育发展一日千里，新情况、新问题层出不穷，新机遇、新局面不断涌现。凭经验翻老黄历，循旧例找教科书，解决不了新问题，也抓不住新机遇，实现不了新发展。周南梅溪湖中学力戒新办学校尤其集团化办学的新学校"穿新鞋走老路"问题，把投资长、见效慢的科技创新教育作为打造办学特色的突破口，体现了一种战略定力和远见卓识。

学校建校之初就确立将"梅文化"作为学校的核心文化。梅花奋勇当先、迎难而上、自强不息、坚韧不拔、为而不争，"梅具四德，花开五瓣"，"五瓣"分别寓意着成功、幸福、健康、顺利、和谐。学校的办学理念"让每一位学生体验成功喜悦，让每一位学生拥有幸福未来"，便取自其中两个最为核心的意义。"梅好"谐音"美好"，寓意追求卓越与美好。根据"梅好"教育理念，确立了学校的核心价值观——梅开五彩，美好自来；育人目标——培养素质全面、品行优秀、精神富有、境界崇高的"美好"人才。

在办学实践过程中，学校始终坚持用"梅文化"引领学校高质量发展，"梅香馥郁，敬业乐业"的教师文化和"梅秀多姿，笃学善思"的学生文化引领着科技创新模式的探索和实践。

(二)文化引领，科创模式独一无二

为了实现学校特色发展之路，提高学生的创新能力，周南梅溪湖中学在办学之初就充分挖掘梅花文化，用“梅文化”的理念引领科技创新的发展。牢牢抓住科技创新教育的“牛鼻子”，培养时代所需的创新人才。

科技创新教育的核心是发现、保护、扶植、培养学生的创新能力。习近平总书记指出：“人是科技创新最关键的因素。创新的事业呼唤创新的人才。我国要在科技创新方面走在世界前列，必须在创新实践中发现人才、在创新活动中培育人才、在创新事业中凝聚人才。”学校积极响应国家号召，领导管理团队高度重视，制定措施，对科技创新加大投入，在软硬件环境的加持下，科技创新在周南梅溪湖中学校园开始闪烁星光。

课程是教育的主阵地，课堂是教育的主战场。周南梅溪湖中学通过课内外、初高中学段完美结合的课程体系，不断发展学生的想象力，深化学生自主探究意识、创新意识，充分发挥了学校主阵地、主战场的作用。当学生增强了想象力，具备了探究意识和创新意识，他们的科技创新基因也就被激活了。

在“梅文化”引领下，构建劳动综合“白梅”课程体系：“元”课程—劳动基础课程；“亨”课程—劳动特色实践课程；“利”课程—劳动多学科融合课程；“贞”课程—劳动综合拓展课程。其中“亨”课程—劳动特色实践课程，就是很好的在科技创新方面的完整课程体系，有利于指导师生开展科技创新教学活动。

周南梅溪湖中学在学校“梅文化”引领下，形成了独具特色的科技创新模式。学校先后构建了从初中到高中完整的科技创新辅导体系，形成了以名师工作室为依托，以创客工作室为龙头，以名学生工作室为核心的科技创新工作模式(图4-48)。学校成立了“秦有才科技创新名师工作室”，并以名师工作室作为依托，组织、指导学生开展科技创新活动。学校建立的创客工作室，包括3D打印创新实验室、机器人创新实验室、生物数码互动实验室、生物种植研究园、劳动实践基地等，学校以创客工作室为龙头，共组织10多个科技创新社团开展活动。在此基础上，形成了初高中学生科技创新的名学生工作室——“文加质观鸟护鸟工作室”、“温馨科技创新工作室”和“易佳星科技创新工作室”，以此为核心开展学校科技创新工作。

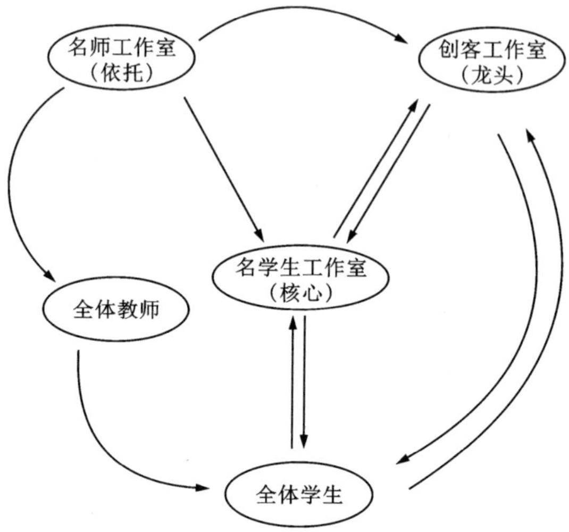

图 4-48　科技创新工作模式

（三）实施具体，科创路径独具匠心

1. 名师工作室托举擎高柱

教师是学校发展之本，周南梅溪湖中学自成立以来，深入挖掘梅花文化，以梅花的优秀品质和高尚情操引领教师的发展，通过系列活动使教师教育教学水平大幅度提高，形成高尚的师德，为学校的教育教学工作服务。学校建立了教师发展支持体系，领雁工程——名师工作室建设。创设名师工作室用于指导学生，引导学校开展工作，便于更好地发挥教师对学生的指导作用，以名师工作室为依托，来支撑发挥对优秀学生的培养作用。

在科技创新方面，2015 年学校引进特级教师秦有才，在秦有才老师的带领下，学校在科技创新方面有了较多成绩，为了激励更多教师走向卓越，特成立了“秦有才科技创新名师工作室”。以此工作室为依托，创客工作室为龙头，双向驱动为“名学生工作室”提供空间和指导。同时，很多在科技创新方面卓有成绩的老师如肖荷花、戴启迪等加入“秦有才科技创新名师工作室”，他们在科技创新方面积极探索，认真研究，取得了较好成绩。在名师工作室名师们的指导下，一些对科技创新感兴趣、有专长的学生也生发了创新动力，在各自感兴趣的领域认真学习和研究。

2. 创客工作室龙头活水来

要想提高创新能力，必须学以致用，勇于实践。科技创新教育的一大目的就是增强青少年的实践能力。周南梅溪湖中学通过建设创客基地，广泛开展社团活动，鼓励学生参加各级各类科技创新竞赛，给学生提供了广阔的创新平台和较多的实践机会。为了更多学生能够加入创新团队，学校充分调研，综合学校的实际情况，开展了建立创客工作室的实践，包括构建原则研究、硬件建设、制度建立，并组织学生使用创客工作室开展创客活动。学校新建一间 130 多平方米的创客工作室，整合学校原有的科技创新设施，重点整合学校天工馆 2 楼的设备设施，形成包括创客工作室、机器人创新实验室、3D 打印创新实验室、生物科技种植园、生物数码互动实验室、数字化历史教室、数字化地理教室等创客空间，学校将这个创客空间命名为创客基地。在创客基地 2 楼楼道墙壁上设有介绍基地的展示橱窗、师生们参加各种比赛获奖作品的活动展板区、可以转动的学校标识，这些都增添了创客基地的活力和灵气。创客工作室成为了学生们开展活动的空间，是开展科技创新活动的精华、主体和龙头。创客工作室的成立为名师和名学生们提供了新舞台，让他们在创客工作室里放飞梦想，敢想敢创。尤其是在秦有才特级教师的带领下，围绕创客工作，开展了各项研究，取得了优秀成绩。在这里学校培养了一批优秀学生如温馨、易佳星等，也产生了一批在科创方面的优秀老师如肖荷花、戴启迪、武涛等。创客工作室成为了学校输出创新人才的重要场所，在这里有源源不断的金点子、大发现。

3. 名学生工作室核心辐射广

学校先后创设温馨科技创新工作室、易佳星科技创新工作室、张云逸科技创新名学生工作室。名学生工作室的创设，激发了学生对生活的热爱，对美好的追求，对科学的兴趣，为学生们打开了一个又一个新奇的世界。“让每一位学生体验成功喜悦，让每一位学生拥有幸福未来”，周南梅溪湖中学的这一办学理念已牢牢扎根在师生的心中。以“生”为本，以“爱”为源，将进一步发挥现有名学生工作室的积极作用，培养敢想敢创的卓越人才。

(四)挖掘价值，科创意义独树一帜

一所新学校的飞速发展，在背后总会有它与众不同的办学特色。周南梅溪湖中学在充分挖掘梅花文化之后，抓住科技创新这一特色品牌，用科技创新点亮了学校的发展之路。从具体的教育教学到学校文化的建设、由实践操作层面到价值思想观念的引领过程中，学校解决了怎么办、怎么走等问题，形成了自己独特的基于“梅文化”引领的科技创新模式，实现了科技创新人才培养目标。

1. 提升了学生成长发展和创新的能力

周南梅溪湖中学高尚的梅花品质、内涵丰富的“梅文化”理念、内容宽广的德育教育、“梅文化”特色课程、随时渗透“梅文化”理念的课堂和综合实践等，为学生的个性化发展奠定了良好的基础。办学十年来，学校共有200余名学生荣获省级以上荣誉，大批学生参加法国巴黎、中国台湾、中国澳门、中国上海等国际发明创新展览会和全国青少年科技创新大赛、宋庆龄少年儿童发明奖等，硕果累累。学生获得国际级、国家级和省市级各类科技创新奖励共260多项，其中包括国际金奖15个、国际级奖励35个，国家级奖励50多项，省级奖80多项。申请国家专利78项，授权59项，其中发明专利授权2项，形成了学校科技创新特色。

2. 提升了教师的学术素养

以“梅文化”引领教师成长的系列科技创新活动的开展，造就了浓厚的学术氛围，促使大批师德高尚、富有情怀、专业素质高、创新能力强的研究型教师迅速成长。近年来，学校开展了15个各级各类课题研究；出版了《中小学科普教育的实践与研究》等专著；10多位教师参与湖南省电子音像教育出版社《劳动教育》教材的编写；教师发表论文多达300多篇；学校有长沙市卓越教师8人，建设了3个校级名师工作室，大批教师荣获国家级、省级荣誉；秦有才老师担任中国发明协会理事、湖南省发明协会常务理事，湖南省创造学会常务理事，湖南省机器人科技教育学会常务理事、副秘书长等。

3. 提升了学校的治理水平

“梅文化”成为学校理念，贯穿于学校教育教学管理的方方面面，校园处处

都有梅文化的痕迹，到处都有梅元素，形成的教育教学体系使学校管理水平显著提升，成果累累。十年来，学校获得“全国小平科技创新实验室”“全国首批知识产权教育试点学校”“全国青少年科学调查体验推广示范学校”“湖南省中小学科技创新教育基地”“湖南省科技创新十佳学校”等80多项集体荣誉和称号。学校每年吸引省内外来访者50多批次；吴伟校长多次在省内外进行宣讲，推介学校“梅文化”引领学校科技创新发展的经验和做法。

在办学实践中，学校坚持用“梅文化”引领学校科技创新向高品质发展。在科技创新的探索过程中，用“梅文化”的理念作为引领，校领导团队高度重视，构建了以“梅文化”引领学校科技创新发展的“白梅课程”，形成了以“梅文化”引领学校科技创新发展的科学、合理并通过了实践检验的完整的名师名学生培养体系。学校还设立了服务于名师名学生的创客工作室。实践证明，在校园“梅文化”引领下，学校的科技创新探索模式取得了良好效果，为学校向高品质发展提供了条件。

（五）反思探索，科创之路非比寻常

1. 让课堂与创新“结缘”

周南梅溪湖中学的科技创新之路是由初一女生李雨轩开启的。她发现家里的电风扇无论怎样调挡，都满足不了自己对舒适度的要求，便萌生了改造电风扇的念头。于是，李雨轩主导创造的发明——空气净化型智能温控风扇“诞生”。这种风扇能随着温度的高低主动调节转速，还能有效过滤空气中的PM2.5等多种杂质，净化空气。该创造发明最终在2018年第二届中国（上海）国际发明创新展览会上斩获3项金奖、1项银奖。

人们常说，课程是教育的主阵地，课堂是教育的主战场，那么，我校的科技创新教育则是立足主阵地、聚焦主战场的。

学校课内外、初高中学段完美结合的课程体系激活了学生的科技创新基因。严格按照国家的规定，开设通用技术、研究性学习、信息技术等综合实践课程是每所中学的“规定动作”。在周南梅溪湖中学这些课程不仅开足、开齐，还上得风生水起。教学内容涵盖修马桶、做凳子、换灯泡等日常生活常用技术的通用技术课，不仅培养了学生们的动手能力，更培养了他们的创新意识和参与科技创新的热情。

“研究性学习”是与“接受性学习”相对的一个概念，它强调教师不把现成结论告诉学生，而是指导学生自主地发现问题、探究问题、解决问题。从2017年下半年开始，学校全面开展研究型学习教学工作，由秦有才老师全面担纲主持教学，秦有才老师将这门课程上得非常精彩，大大激发了学生的创新欲望。

学校机器人课程分为常规课程和竞赛课程。常规课程面向所有学生开课，主要向学生普及有关机器人的控制原理和操作知识。竞赛课程以机器人竞赛知识为主要教学内容。常规课程是选拔科技竞赛苗子的孵化基地，竞赛课程是对机器人拥有浓厚兴趣且想继续提高的学生磨炼技能的大本营，这门课程由戴启迪老师教授。学校对学生创新能力的培养不仅仅局限于这些课程，学校的“创客文化”早已渗透到所有科目的教学工作之中。

2. 让活动拓展创新力

学校开展科技创新活动的最有效做法便是付诸实践。学校社团活动便承担了提高学生科学素养和实践能力的重要任务。数据显示，周南梅溪湖中学共有学生社团42个，其中涉及科技创新社团的就有12个，包括创新社、小小科学家、化学社、观鸟护鸟社等。学校设有专职科技创新辅导员5人，兼职科技创新辅导员12人，他们专门辅导这些社团开展各项科技教育活动。

2017年10月26日，创新社30多名社员聚集在学校生物科技种植园，进行首次集中活动——挖红薯。除了社团活动，名学生工作室也是学校科技创新活动开展的重要平台。“文加质观鸟护鸟工作室”的成员多次赴长沙市梅溪湖水域、桃花岭公园开展观鸟护鸟活动。2016年9月13日下午，“文加质观鸟护鸟工作室”组织第一次户外观鸟活动。观鸟活动开始前，文加质代表工作室，用精心制作的PPT为一起参与观鸟的5名同学上了一堂课。她以“鸟之诗——观鸟护鸟活动”为题着重介绍观鸟前的准备以及如何识鸟、观鸟等知识。在当天的观鸟活动中，一共观测并拍摄到11种鸟类，每个学生用望远镜清楚地观看了两种以上的鸟类。一则大桥坍塌的新闻报道让温馨陷入了沉思：事故产生的原因竟然是水泥表面不平整。有没有专业的装置检测水泥表面的平整度？温馨马上带领工作室的成员一起行动起来，查阅资料、调研工地……同学们经过多次试验发现，可以利用激光技术检测水泥表面是否平整，再进行处理，让水泥表面变得平整。经过10多次修改，“大型水泥构件表面缺陷的检测与标示装置”问世，并荣获第三十八届湖南省青少年科技创新大赛一等奖。校园科技节调动了全校学生参与发明创造的热情，30%以上的学生在科技节上提交了自己的作品。在学校科技节上表现突出的学生，还有机会被学校推荐到各级各类科技创新活动中继续参赛。2017 年 3 月，学校组织学生参加第八届全国青少年科学影像节。初一年级学生覃威勋、郑任和唐麟沙提出了“暖宝宝的真相”课题，并在吴万紫老师的指导下开始了为期 7 个月的研究之路。2017 年 10 月，这项课题获得了第八届全国青少年科学影像节二等奖的好成绩。如今学校科技创新活动的影响力已经辐射到全省乃至全国。学校成功举办了湖南省“知识产权进校园”活动、“航天科技连着我和你——全国院士专家校园行湖南省活动”、省电教馆举办的湖南省机器人竞赛、市科协市教育局等联合举办的长沙市机器人竞赛、长沙市地震应急疏散示范性演练等活动。2015 年 5 月 30 日，学校成立不到一年的时间，就承办了第十二届湖南省中小学机器人竞赛活动，并取得极大成功，获得活动组织者和参赛师生的一致好评。目前，学校参与科技创新、机器人竞赛、综合实践活动等的骨干学生达到 120 多人，设有 13 个科技(兴趣)活动小组。学校编写了两本近百页的《周南梅溪湖中学科技创新成果册》。

在科技创新教育的带动下，学校的管理、教学科研等各项工作都被激活了。科技创新教育为学校发展提供了强劲的“芯”动力，科技创新点亮了周南梅溪湖中学校园。

(六)应用推广，科技创新硕果累累

1. 科技创新部分获奖情况

学校一直将科技教育作为学校特色来打造，获得了全国小平科技创新实验室、全国知识产权教育试点学校、全国青少年科学调查体验活动优秀实施单位、全国青少年科学调查体验活动推广示范单位、全国青少年科学调查体验活动特色学校、全国防震减灾科普教育示范学校、中国科协调查站点、湖南省知识产权教育示范(试点)学校、湖南省青少年科技创新十佳学校、湖南省防震减灾科普教育示范学校、长沙市科技创新特色学校、长沙市工人先锋号等 30 多块国家、省、市级科技创新牌匾。

名学生工作室文加质同学被评为湖南省十大教育新闻人物，获得省级以上新闻报道达 30 多篇次，以优异的成绩被中央美术学院录取；温馨同学申请专利

8 项，获科技创新奖 20 多项次，获长沙市青少年科技创新优秀人才奖，获省级以上新闻报道 40 多篇次。易佳星同学获得国际金奖 7 项，铜奖 3 项，申请专利 5 项，被《人民日报》、新华网、中新网、学习强国学习平台等媒体报道 25 次。

学生发表发明作品及科技创新、观鸟护鸟论文 20 余篇，学校科技创新成果、活动获省级以上媒体报道 200 多次。

学校创客工作室成功通过湖南省电教馆的省重点课题结题验收，湖南省创客教育中心课题结题验收并获得湖南省一等奖。吴万紫老师、刘任池老师参加省创客教育中心赛课，均获得湖南省二等奖。黄小满老师的论文《如何通过创客空间建设培养学生的创新能力》获长沙市二等奖。学校科技创新论文获得省级以上奖励 30 多篇。

2. 成果推广范围

（1）100 多批次来自广东、上海、浙江、北京等全国各地的学习考察团到学校学习交流，如先后有 5 批来自广东省中山市的考察团来学校交流学习；学校也接待了来自美国、日本、法国等国家及中国香港地区的交流考察团队。

（2）科技创新名师秦有才主任多次在全国、省市级会议、论坛上推介学校科技创新方面的做法。

通过不断努力和探索，我们期望能够培养出更多具有创新思维和实践能力的新时代人才，为社会的科技创新和发展作出贡献。科技创新教育是培养学生创造力和创新精神，提升他们在科学技术领域的能力和素质的重要途径。我们相信学校开辟的科技创新新赛道，一定可以铸就魅力周梅新辉煌。

参考文献

[1] 黄琳，罗文. 一路拾穗　不忘初心——记天府学院校园文化建设之路[M]. 北京：光明日报出版社，2023.

[2] 贾立平，郭跃军，祝大勇. 校园文化建设与社会主义核心价值观实践教育研究[M]. 北京：人民出版社，2019.

[3] 吴同，朱剑凡. “毁家兴学”砺“初心”[J]. 湘潮，2018(9)：56-57.

[4] 叶春林，吴武英. 整合湖南红色文化资源开展大学生理想信念教育的实践教学探析[J]. 世纪桥，2023(10)：78-80.

[5] 吴文涛. 传统文化如何走进学校？——论学校传统文化教育的实践逻辑[J]. 中国教育学刊，2018(3).

[6] 许奇峰，叶利波. 让中华传统文化浸润学生的心田——论学校传统文化教育的有效途径[J]. 教育实践与研究(C)，2018(5).

[7] 冯永刚. 学校制度文化育人的内在机理[J]. 中国德育，2023(16)：20-24.

后记

解放思想乘拾而上　守正创新循梦而行

毁家兴学，为国育才；十年风雨，弦歌不辍。本书以长沙市周南梅溪湖中学十年间特色文化发展为轴，展现长沙市周南梅溪湖中学文化育人的教育理念、环境浸润、行为特色等系列务实举措。它既是我校十年历程的缩影，又是我校文化传承的载体。

十年间，长沙市周南梅溪湖中学在弘扬传统文化、赓续红色文化、创设梅花文化、打造环境文化、构筑师生行为特色领域结出累累硕果。一串串坚实的足迹，闪耀着周南中学创始人朱剑凡“毁家兴学，教育救国”的思想宗旨；一簇簇五彩的梅花，彰显着周梅人“梅开五彩，美好自来”的价值观；一场场特色的活动，提升着学子们“四季六节，五育融合”的核心素养……回顾过往，我们可看到“周梅人”在文化建设之路上，经历磨难却不夺其志的勤朴，屡涉险巇却不改初心的诚善，先天下春却温文不矜的谦雅，苍黄反复却持之以恒的弘毅。

昨日的成就是指引前行者的灯塔，明日的辉煌是赋予后来者的责任。回顾周梅时间的年轮，有初创时的曲折与艰辛，有前进时的彷徨与思考，也有丰收时的喜悦与欢歌。如今，我们再次站在下一个十年的关键节点上，将继续开辟“数字化教育”新赛道，迈出“教学评督”新步伐，焕发“多元翘楚”新活力，涵养“三位一体”新底蕴，实现“周梅品牌”新跨越，成就“提质增效”新作为。未来的十年，我们将迎来更多的机遇与变革！

风雨沧桑，积淀厚重绵长的长沙市周南梅溪湖中学文化传统；春华秋实，成就长沙市周南梅溪湖中学人才辈出的办学硕果。编写此书，旨在激励“周梅人”以高品质的校园文化引领学校的高质量发展，坚定理想信念，踏平崎岖坎坷，汲取奋进动力，胸怀天下，躬身入局，以强烈的自信、饱满的热情、积极的行动肩负起周梅的责任和使命，实现从“小我”走向“大我”的蜕变，让青春在奋力追逐周梅梦中绽放耀眼光芒！

本书的排版、编辑、校稿等工作得到中南大学出版社的大力支持，编辑等工作人员以其精湛的专业技能和渊博的出版学识，为本书的顺利出版保驾护航。同时，本书由叶双秋提出核心思想，曹共平、吴伟统筹设计，黄馨怡、傅江黎、杨诗、雷鸣、李玉霞、肖菁华、齐素雅、李媛、何园竹分专题进行内容编写。本书由黄馨怡统稿、李冠男校稿，李人扬提供图片，唐思敏设计手绘封面，C2203 班孔熙同学为封面题词，C2201 班戴逸凡同学为封底题词，在此一并表示感谢！

厚积薄发，凌寒盛开，总结过去的成功经验；寸积铢累，跬步千里，展望未来的发展道路。文化是一个永恒的概念，此书只是长沙市周南梅溪湖中学的阶段性成果，文化建设永远在路上，我们将解放思想、守正创新，长沙市周南梅溪湖中学将在一个又一个十年的科学规划中，乘拾而上，循梦而行，同心协力，锐意进取，谱写更加辉煌的教育之歌！

吴伟

2024 年 7 月

学子题词

乾坤朗朗，时序轮转，甲辰龙年，校庆盛典。学子题词，以庆华章，校园文化，如梅绽放。

听梅之音，细雨敲枝，如丝竹之声，悠扬婉转，诉千古之风流。

赏梅之姿，疏影横斜，若藻荇之横，清雅绝俗，携自然之灵秀。

品梅之韵，高洁淡泊，似学子之心，矢志不渝，志卓越之追求。

时至隆冬，梅花竞放，红白交映，美不胜收。学子漫步其间，或赏其姿，或吟其韵，皆能感悟梅花之精神，汲取前行之力量。

梅苑一秩，文以化人，纳岳麓之风骨，扬梅溪之宏波。值吾校十载华诞之际，莘莘学子执笔题词，念吾校育人之理念：让每一位学生体验成功的喜悦，让每一位学生拥有幸福的未来。故于此致谢周梅学子，致敬梅好未来！

梅苑一秩

文以化人

C2201 戴逸风

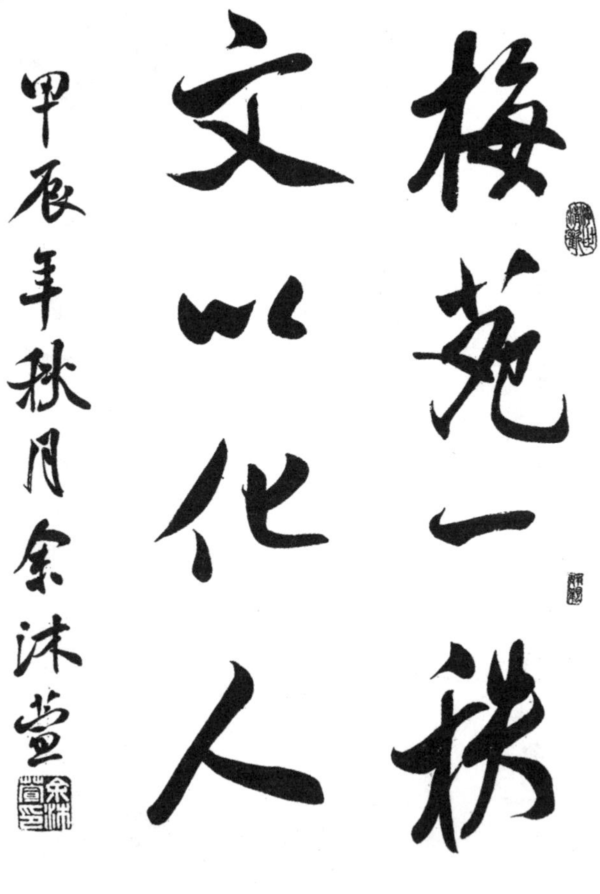
梅苑一秩
文以化人
甲辰年秋月余沐堂

文以化人
甲辰

梅苑一秩
文以化人

梅苑一秩
文以化人

杨茜妃
C221128

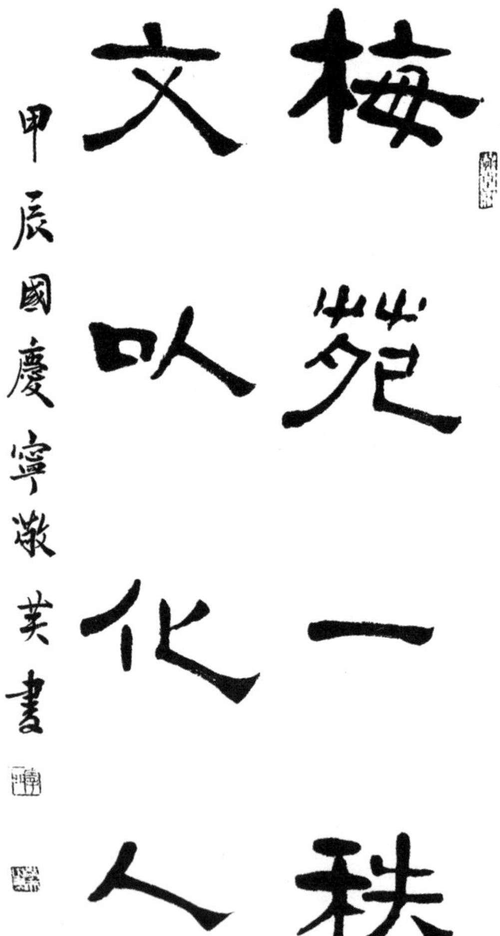
梅苑一秩
文以化人
甲辰國慶寧漱芙書